Bayerns schönste Gipfel

EINMALIGE TOUREN IN DEN BAYERISCHEN HAUSBERGEN

LISA UND WILFRIED BAHNMÜLLER

Süddeutsche Zeitung Edition

Inhalt

Die Touren _ 10

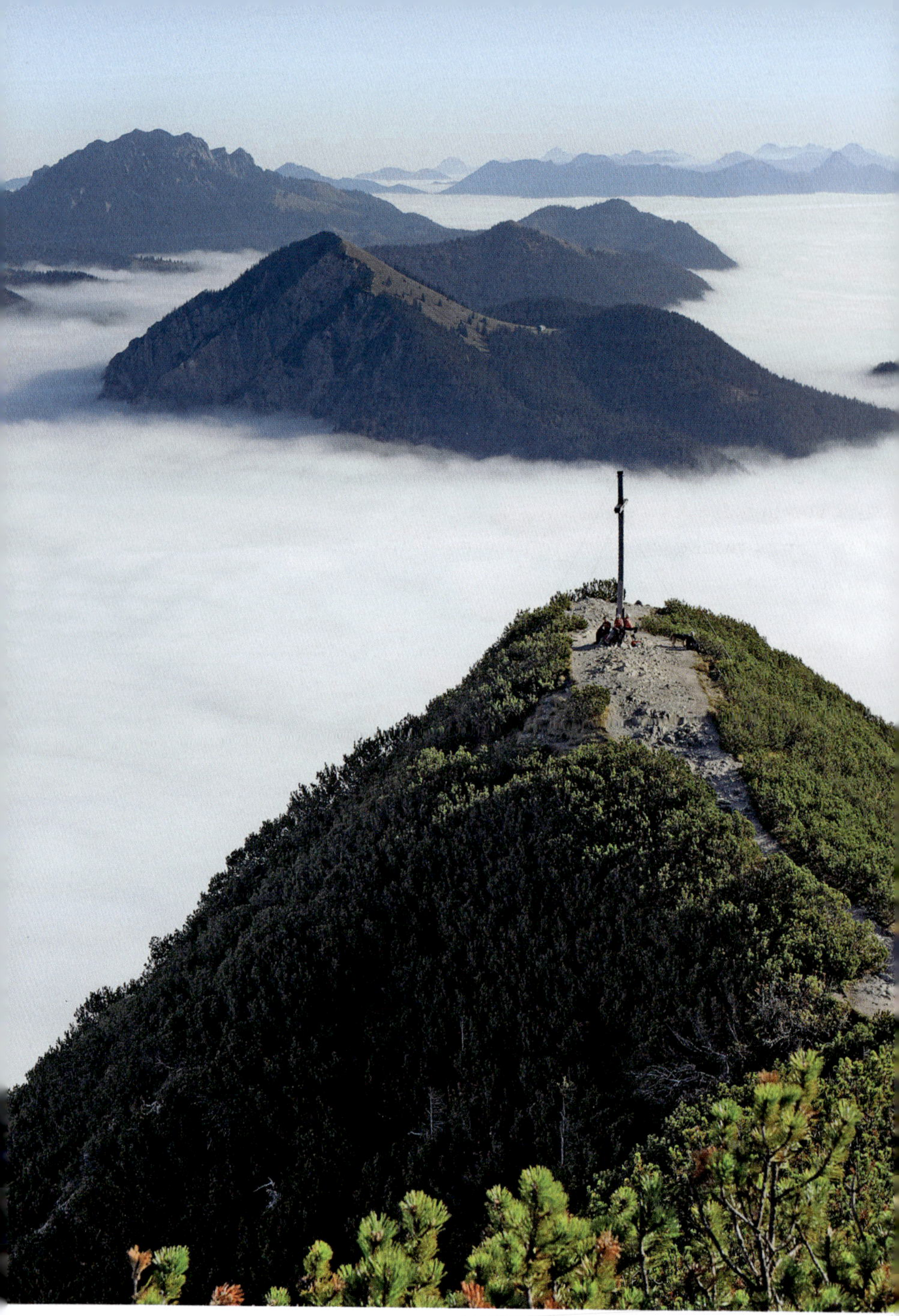

Am Herzogstand: Aus dem Nebel sieht man ein Meer aus Berggipfel-Inseln ragen (Tour 9).

Bayerns schönste Gipfel entdecken

Dieser Titel unseres neuesten Buchs hätte eigentlich noch den Zusatz »Zwischen Lech und Inn« tragen können, denn es gibt in allen bayerischen Regierungsbezirken unzählige wunderschöne Gipfelziele. Doch da die Beschreibung all dieser tollen Berge den Umfang des Buchs gesprengt hätte, beschreiben wir im Folgenden 30 Touren auf Gipfel im Münchner Süden, in den Vor- und den Ammergauer Alpen, im Estergebirge und im Werdenfelser Land, im Isarwinkel und rund um Tegernsee und Mangfall sowie links und rechts des Inns.

In diesem Gebiet haben wir einige der schönsten Gipfeltouren ausgesucht und zu Wanderungen zusammengestellt. Auch hier gäbe es natürlich noch viel mehr wunderbare Bergtouren zu entdecken, doch die vorgestellten Touren haben eines gemeinsam: Sie sind mit Sicherheit keine Extremtouren und alle mit ein bisschen Kondition gut zu meistern. So erkunden wir bekannte und unbekannte Berge, mal mithilfe eines Lifts, mal muss man sich jeden Höhenmeter einzeln erobern. Alle führen hinauf zu einem Gipfel, meist der höchste Punkt der Wanderung, der obendrein die schönste Aussicht verspricht.

Wir hoffen, Sie genießen es genauso wie wir, unter einem Gipfelkreuz zu sitzen, sich über den gemeisterten Aufstieg zu freuen und glücklich darüber zu sinnieren, wie schön die Natur in den bayerischen Hausbergen ist!

Viel Spaß wünschen Ihnen

Lisa und Wilfried Bahnmüller

Der beste Weg zum Gipfelglück

Wir wandern in den Alpen, und das nicht immer nur auf breiten Wanderwegen, sondern auch auf schmalen und steinigen Pfaden. Auch wenn die vorgestellten Touren keine schweren Bergtouren sind, sind es auch keine Spaziergänge, die man mit leichtem Schuhwerk starten sollte. Ein paar allgemeine Regeln und gute Tipps über das Wandern im Gebirge findet man auf der Homepage des Deutschen Alpenvereins (alpenverein.de). Wir haben hier nur die für dieses Buch wesentlichen Informationen zusammengestellt.

Tourencharakter und Schwierigkeitsgrade

Die in diesem Buch beschriebenen Touren haben alle Gipfel als Ziele – dabei überschneiden sich Bergwanderungen und -touren, denn einige Besteigungen weisen durchaus einen sportlichen Charakter auf. Deshalb ist die klassische Einteilung, wie sie z. B. der Alpenverein in den Farben Blau, Rot und Schwarz vornimmt, nicht ganz so stringent – unsere Einteilung in »Leicht«, »Mittel« und »Schwer« dient nur zur groben Orientierung, denn jeder Wanderer empfindet die Schwierigkeiten individuell. Je nach Länge und Höhenmetern bedarf es einer unterschiedlichen Kondition, und wenn Trittsicherheit und Schwindelfreiheit erforderlich sind, weisen wir im Tourencharakter eindeutig darauf hin. Einige der diffizilen Stellen lassen sich umgehen, und überdies ist es auch keine Schande, einmal den Gipfel auszulassen und lieber an einem weniger exponierten Platz zu rasten, als sich durch Übermut und Fehleinschätzung in eine gefährliche Lage zu begeben!

Gehzeiten und Höhenangaben

Auch wenn wir versucht haben, sehr genaue Zeit- und Höhenangaben zu machen, verstehen sich alle Zeiten dennoch als reine Gehzeiten und dienen nur als Richtlinie – Pausen und die Zeit für Besichtigungen muss man immer extra dazurechnen. Die Höhenangaben beziehen wir aus unseren GPS-Daten.

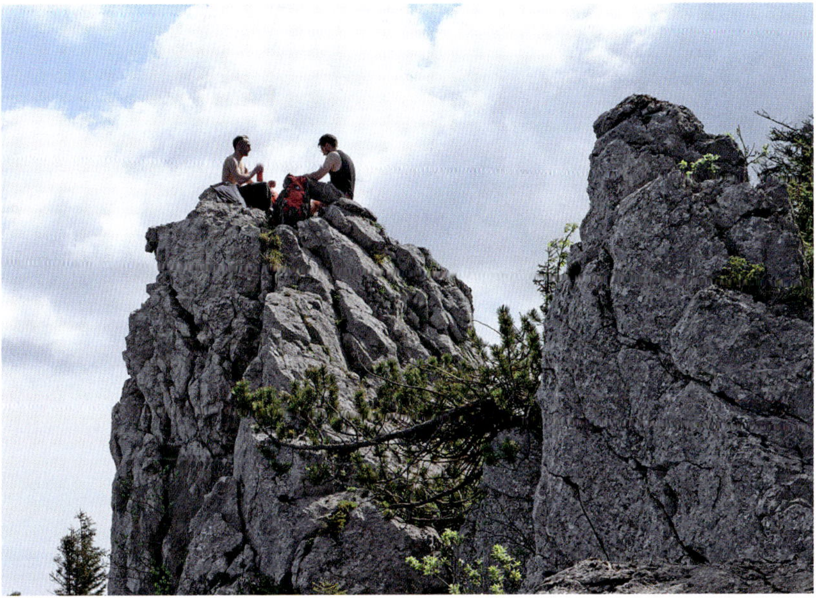

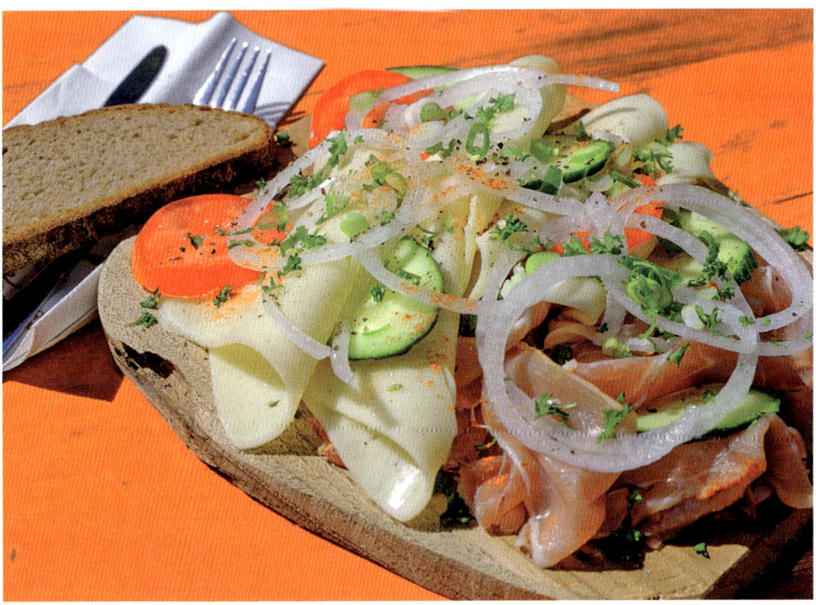

▲ Am Geierstein (Tour 13)
▼ Gipfelglück und Brotzeitplatzerl (Tour 27)

Sicherheit

Für sicheres Wandern findet man sehr viele gute Tipps sowie den aktuellen Wetterbericht auf den Seiten des Deutschen Alpenvereins (alpenverein.de). Grundsätzlich ist für den Notfall die Mitnahme eines Handys sinnvoll, für das man mittlerweile fast überall zuverlässigen, flächendeckenden Empfang hat. Wichtig vor der Tourenplanung ist das zu erwartende Wetter: Unvorhersehbare Wetterumschwünge gibt es immer wieder, und vor allem im Sommer kann besonders auch nachmittags mit Gewittern gerechnet werden. Im Herbst darf man nicht zu spät zu einer Tour aufbrechen, es wird früh dunkel – man sollte daran denken, dass Ende Oktober die Sonne so niedrig steht wie im Februar. Wenn man merkt, dass man zeitlich in Verzug kommt, ist es besser umzudrehen, als ein Risiko einzugehen! Grundsätzlich sind die meisten Wanderwege naturbelassen, d. h., sie können nach Regen aufgeweicht und matschig sein, im Sommer grasüberwachsen und im Herbst durch feuchtes Laub rutschig. Gerölliger, steiniger Untergrund ist ebenso möglich wie von Wurzeln durchsetzter Waldboden. Es gibt aber auch geteerte Abschnitte, bei denen allerdings teilweise mit Straßenverkehr zu rechnen ist.

Ausrüstung

Feste Wanderschuhe sind eine Grundvoraussetzung für sicheres Wandern. Funktionswäsche ist praktisch: Wenn man schwitzt, trocknet sie schneller als nasse Baumwollshirts. Windstopper, Mütze und Sonnenkappe sollten immer dabei sein, und auch eine Sonnencreme mit starkem Lichtschutzfaktor gehört in den Rucksack, ebenso wie ein Insektenabwehrmittel. Vernünftig ist auch ein kleines Erste-Hilfe-Set mit Rettungsfolie (Fachhandel), das nicht viel Platz wegnimmt. Mit das Wichtigste beim Wandern ist die Brotzeit – auch wenn es auf fast allen Touren Einkehrmöglichkeiten gibt, ist doch ein mitgebrachtes Picknick am Gipfel ein unvergessliches Erlebnis. Zusätzlich muss an ausreichend zu trinken gedacht werden, gerade wenn das Wetter heiß ist. Öffnungszeiten und Ruhetage der vorgeschlagenen Gasthäuser oder Almen können sich immer wieder mal ändern: Um nicht hungrig und unverrichteter Dinge vor verschlossenen Türen zu stehen, prüft man daher am besten vor Tourenbeginn im Internet die Öffnungszeiten und packt einen Notproviant ein.

Naturschutz

Wir sind nur Gast in der Natur und sollten – außer Fußspuren – nichts hinterlassen. So schön Bergblumen sind und zum Pflücken verlocken: Ein Großteil von ihnen steht unter Naturschutz, und auch nachfolgende Wanderer wollen sich noch an ihnen erfreuen. Selbstverständlich nimmt man seinen Abfall wieder mit ins Tal, und zwar jeglichen, auch den, der normalerweise verrottet! Ein besonders leidiges Thema sind die mittlerweile zahlreichen Taschentücher, die man hinter allen Holzstößen und Büschen findet – daher richtet sich dieser Apell vor allem an die weiblichen Wandersleute: Ein Taschentuch ist für das »kleine Geschäft« in der Natur definitiv nicht nötig (Männer benutzen auch nie eines)! Wir kürzen keine Wege ab, entstehen so doch teils gravierende Erosionsschäden! Ebenso laufen wir nicht querfeldein über eine Wiese, die als Nahrungsgrundlage für Almtiere dient – nur wenn der offiziell markierte Wanderweg über eine Wiese führt, dürfen wir ihn nehmen. Alle Gatter und Weidevorrichtungen, die wir öffnen, müssen auch immer wieder hinter uns verschlossen werden. Und bitte seien Sie vorsichtig, wenn Kühe auf den Almen weiden – es kann vorkommen, dass sie ihre Kälber verteidigen!

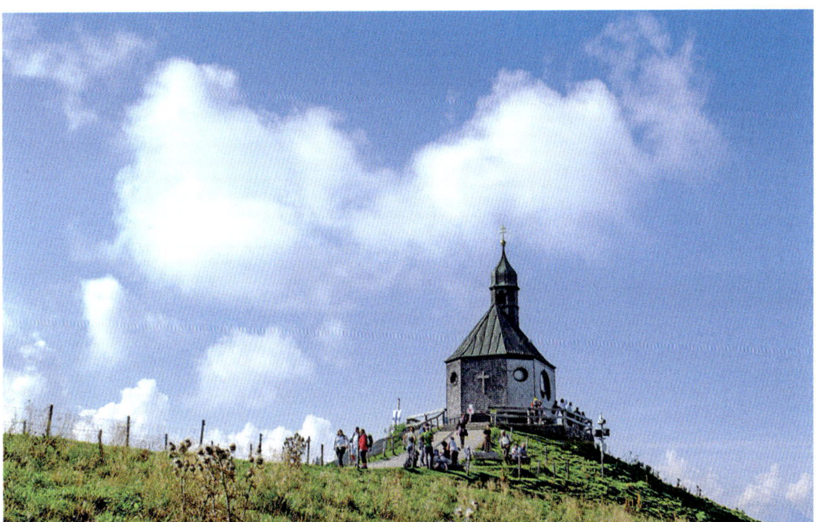

Am Wallberg (Tour 18)

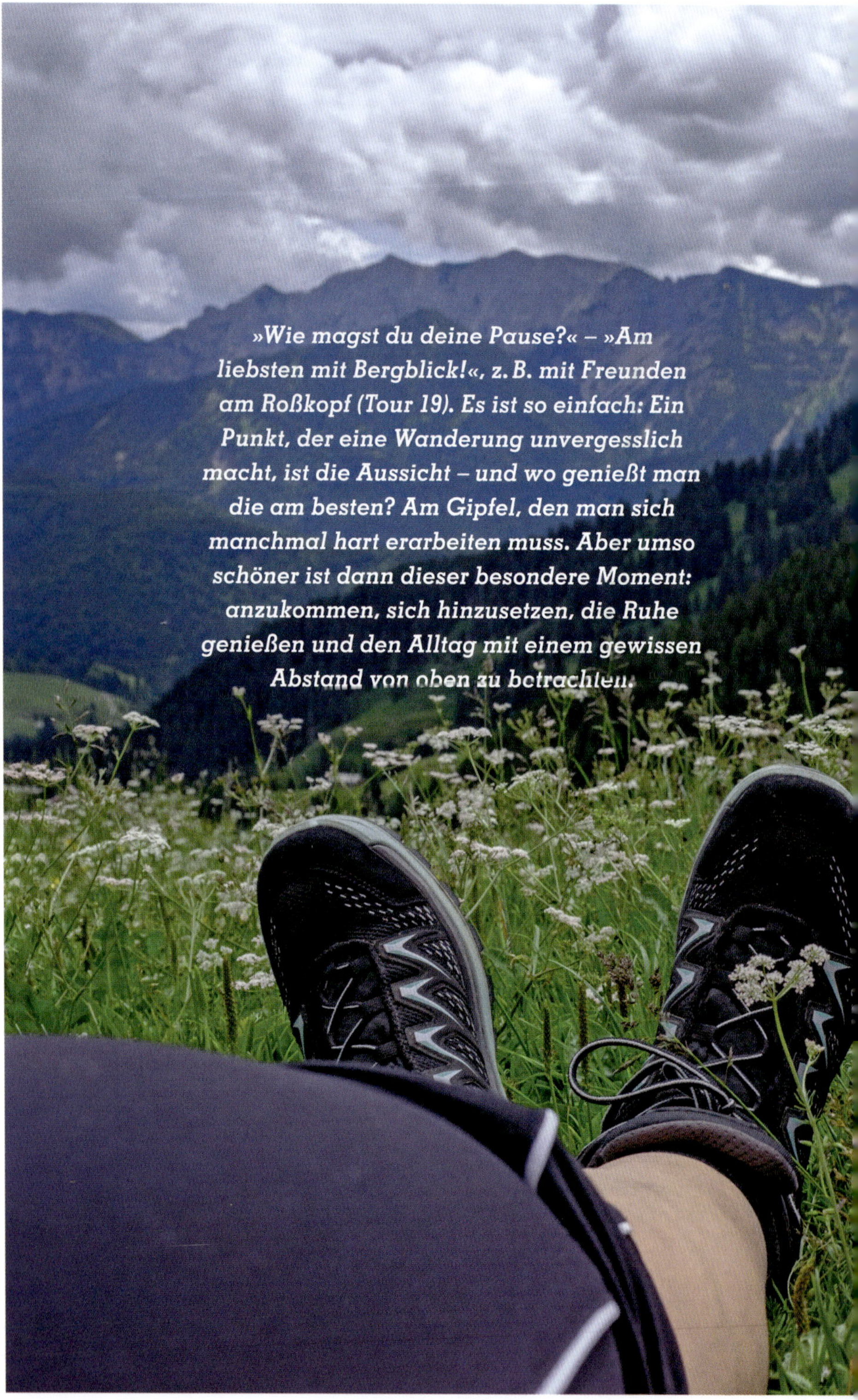

»Wie magst du deine Pause?« – »Am liebsten mit Bergblick!«, z. B. mit Freunden am Roßkopf (Tour 19). Es ist so einfach: Ein Punkt, der eine Wanderung unvergesslich macht, ist die Aussicht – und wo genießt man die am besten? Am Gipfel, den man sich manchmal hart erarbeiten muss. Aber umso schöner ist dann dieser besondere Moment: anzukommen, sich hinzusetzen, die Ruhe genießen und den Alltag mit einem gewissen Abstand von oben zu betrachten.

Touren für Gipfel-stürmer zwischen Lech und Inn

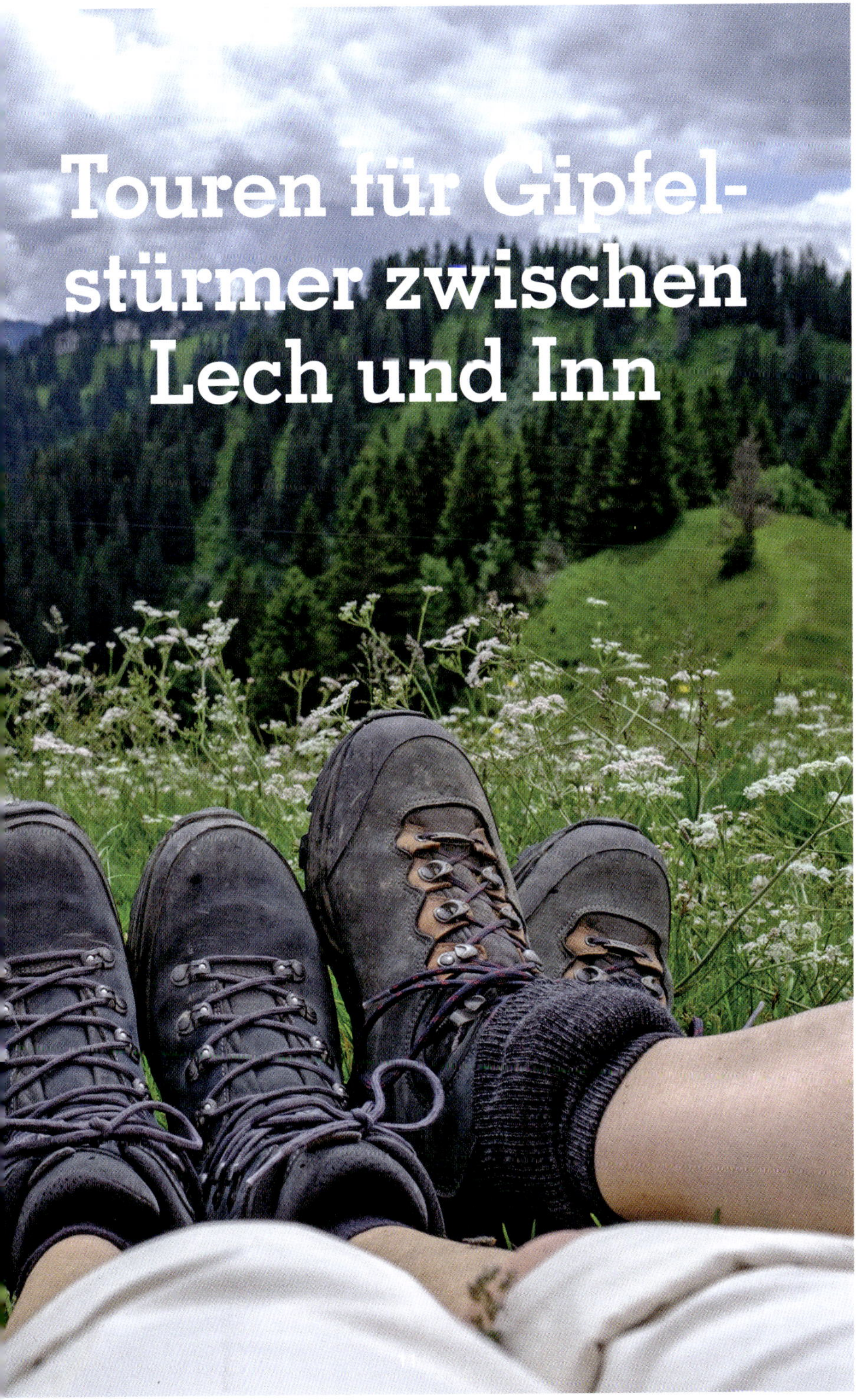

1

Königliche Runde am Tegelberg

MIT DER GONDEL IN DIE BERGWELT LUDWIGS II.

Seen wie hellblaue Tintenkleckse auf grünem Löschpapier flirren in der Mittagssonne im Tal, und, eingebettet in die hügelige Wiesenlandschaft des Füssener Lands, liegen Dörfer und Weiler. Umrahmt von einem Halbmond an wilden zackigen Bergspitzen, erhebt sich der Tegelberg wahrhaft königlich.

Viel leichter kann eine Tour kaum sein: Nach dem Erwerb des Lifttickets schweben wir in einer Gondel knapp 900 Höhenmeter steil über tiefe Felsspalten hinauf zur **Bergstation der Tegelbergbahn**. Jetzt heißt's, kurz innezuhalten und zu orientieren, denn wir haben diverse Wandermöglichkeiten. Auf keinen Fall versäumen sollten wir die kurze **Königsrunde**, die ab der Bergstation beschildert ist: Dieser Panorama-Rundweg führt mit knapp 100 Höhenmetern Steigung zur **Schulter des Branderschrofens**, wo uns weitere Traumaussichten am »Viscope«, den Ferngläsern, erwarten – tief unter uns leuchten die blauen Flächen der Füssener Seenplatte herauf, umgeben von den Trauchgauer, den Lechtaler und Allgäuer Alpen. Ein paradiesisch schöner Flecken Erde!

Wer dann den **Branderschrofen-Gipfel** (1879 m) noch bezwingen möchte, steigt von hier nochmals 15 Minuten weiter aufwärts – aber Achtung: Für den Gipfel muss man schwindelfrei und trittsicher sein! Es wird felsiger, und an einigen Stellen ist der Weg drahtseilversichert. Ansonsten geht es auf dem Weg wieder zurück zur Bergstation.

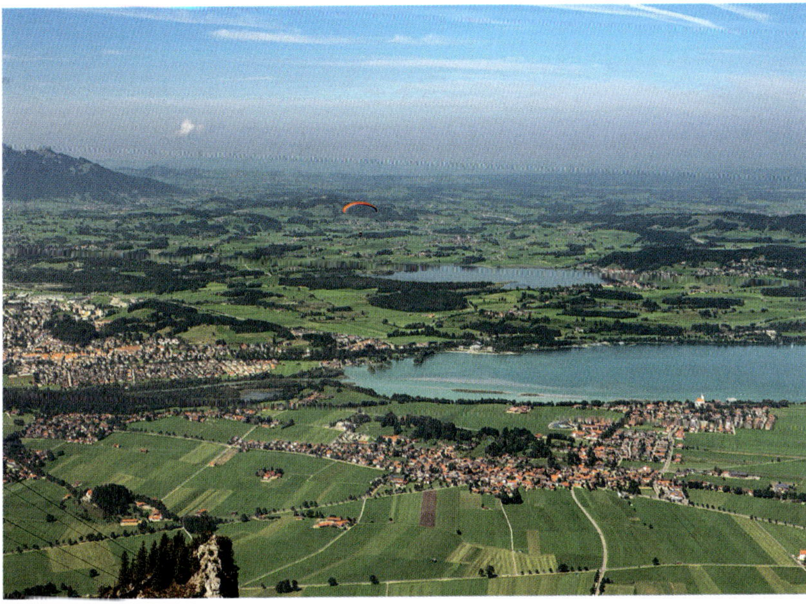

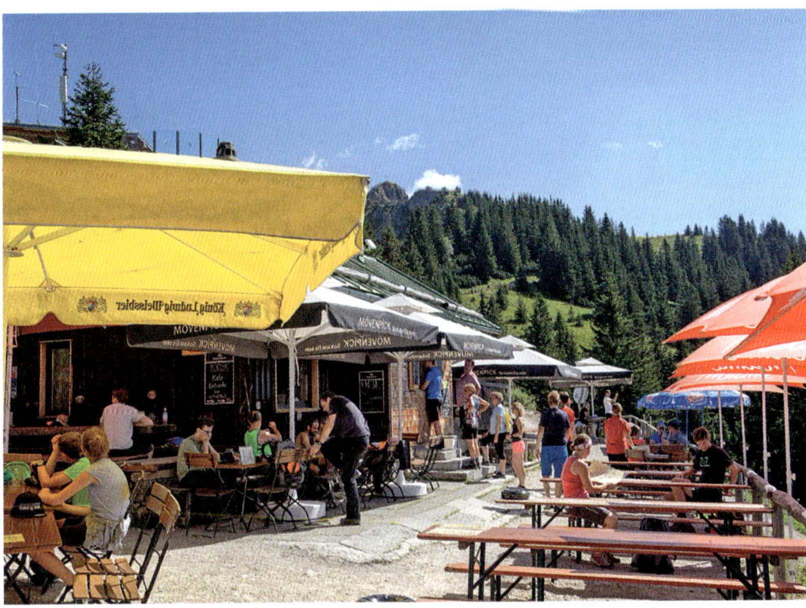

▲ Forggensee und Hopfensee vom Tegelberg gesehen
▼ Gemütlich ist es am Tegelberghaus.

Unabhängig von der Königsrunde macht es aber auch viel Spaß, die zahlreichen Gleitschirmflieger zu beobachten, die neben der Bergstation die Startrampe benutzen – an manchen Tagen sirrt die Luft förmlich aufgrund der unzähligen Schirmleinen, und der blaue Himmel ist bunt getupft.

Wollen wir alsdann zurück ins Tal, gehen wir von der Bergstation mit dem Panoramarestaurant über den breiteren Weg in einem Bogen zum **Tegelberghaus** (1708 m). Beides sind im Übrigen hervorragende Einkehrmöglichkeiten, um das Gipfelgefühl hoch oben am Berg noch etwas länger zu genießen. Weiter dem äußerst aussichtsreichen Wanderweg folgend, geht es unter der Bahn hindurch, und dann wird der Weg zu einem steinigen Bergpfad, der uns steiler bergab führt. Die Abzweigungen zu den Klettersteigen lassen wir unberücksichtigt, denn die **Rohrkopfhütte** (1320 m) ist unser nächstes Ziel. Kurz vor der Hütte teilt sich der Weg – wir bleiben hier links und wandern direkt auf die Hütte zu. Sie ist nicht nur eine tolle Einkehrmöglichkeit, sondern bietet auch wieder schöne Fernsichten in die Allgäuer Bergwelt hinein.

Unterhalb der Hütte weist uns ein Schild auf den **Schutzengelweg**, und auf ihm kommen wir in den Wald und folgen im Zickzack der Beschilderung. Das letzte Stück des Wegs führt dann über kleinere Almwiesen, vorbei an der Sommerrodelbahn und abwärts zurück zur **Talstation der Tegelbergbahn**. Jetzt bleibt sicher noch etwas Zeit, um die Villa Rustica zu besuchen oder sich eine Fahrt mit der Sommerrodelbahn zu gönnen.

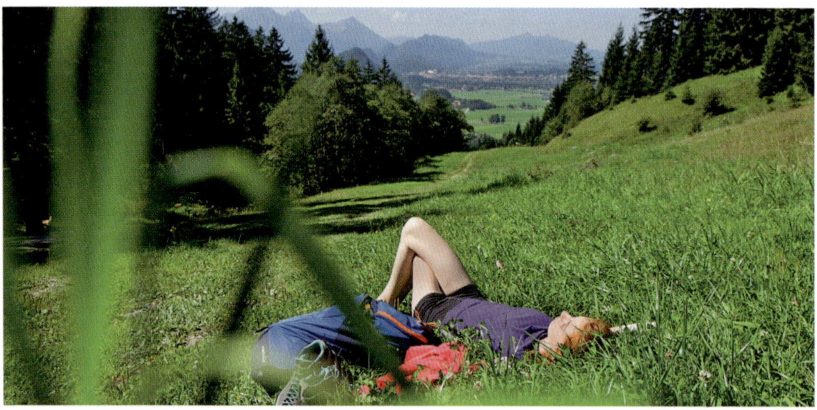

Die grünen Almwiesen laden zu einer ausgedehnten Pause ein.

Auf einen Blick

AUSGANGS-/ENDPUNKT

Talstation der Tegelbergbahn
GPS: 47.567923, 10.756769

ANFAHRT

ÖPNV: Mit der Bahn bis Füssen und weiter mit Bussen
Auto: A 7 bis Füssen oder A 95 nach Murnau und über Bad Kohlgrub nach Steingaden, auf der B 17 nach Schwangau und dort links zur ausgeschilderten Talstation der Tegelbergbahn (kostenpflichtige Parkmöglichkeit)

GEHZEIT UND SCHWIERIGKEIT

Mittelschwere Wanderung über 7,5 km (3.15 Std.) auf kleinen Bergpfaden und Forstwegen, die mit Unterstützung der Tegelbergbahn fast nur bergab führt (100 Hm bergauf, 950 Hm bergab). Ohne die Königsrunde ca. 50 Min. kürzer

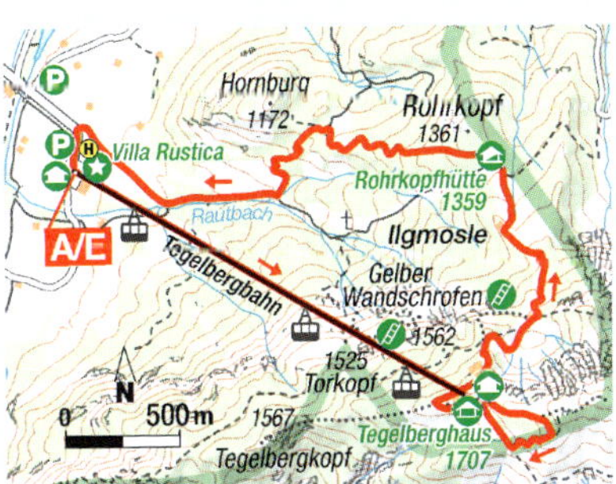

EINKEHR

Sowohl das Panoramarestaurant an der Bergstation als auch das unterhalb davon liegende Tegelberghaus (neu.tegelberghaus.de) sowie auf dem Abstiegsweg die Rohrkopfhütte (Di Ruhetag) bieten sonnige Terrassen mit tollen Aussichten.

NOCH WICHTIG

Fürs Kulturprogramm sorgt eine römische Villa aus dem 2. Jh., die man 1932 entdeckte; der einst große römische Hof liegt etwas oberhalb der Talstation der Tegelbergbahn. Das Gut war luxuriös mit Fußbodenheizung, Bädern und Fresken ausgestattet. Heute sind die Ausgrabungen an der Villa Rustica überdacht, stehen aber normalerweise allen Besuchern offen.

INFORMATION

fuessen.de; tegelbergbahn.de

2

Auf den Brunnenkopf

UNTERWEGS IM GRASWANGTAL

Um den Brunnenkopfgipfel zu erklimmen, muss man absolut schwindelfrei und trittsicher sein. Ist man das nicht: kein Problem, denn bis zur Brunnenkopfhütte, nur unweit des Gipfels, führt ein leichter Weg. Und die Aussicht von dort ist – zusammen mit einer guten Brotzeit nebst Benediktiner-Weißbier aus Ettal – ebenso hervorragend.

Wir starten am großen Parkplatz unterhalb von **Schloss Linderhof**. Auch wenn wir das Schloss nicht sehen, halten wir uns mit Blick in dessen Richtung nach links und gehen zum westlichen Ende des Parkplatzes. Hier wechseln wir auf die andere Seite des Dreisäulenbachs, halten uns rechts und laufen über den Ausweichparkplatz. An seinem Ende verzweigt sich der Weg: Nach rechts sind die Brunnenkopfhütte und der Gipfel ausgeschildert.

Jetzt können wir uns kaum mehr verlaufen, folgen wir doch immer der kleinen, schattigen Forststraße, die uns an einigen wilden Felsformationen vorbeiführt. Anfangs begleitet uns noch der Dreisäulenbach, den wir einmal queren. Dann wird der Weg bald ziemlich ruppig und ist von vielen Steinen übersät – langweilig wird es uns nicht! Wir queren eine größere Forststraße, etwas nach links versetzt, und steigen weiter bergauf, jetzt zumindest wieder auf einem bequemeren Weg. Über einige Kurven gewinnen wir an Höhe, dann folgt eine lange Gerade in westliche Richtung. Noch lässt die Fernsicht auf sich warten, aber nach weiteren vier Kurven lichtet sich der Wald, und wir erhaschen die ersten Ausblicke zwischen den Bäumen hindurch.

Nach rechts zweigt schließlich der Weg zu Hennenkopf und Pürschling ab, aber diese Gratwanderung interessiert uns heute nicht. Wenige Schritte weiter, an einer kleinen Diensthütte, genießen wir den Blick nach Nordosten

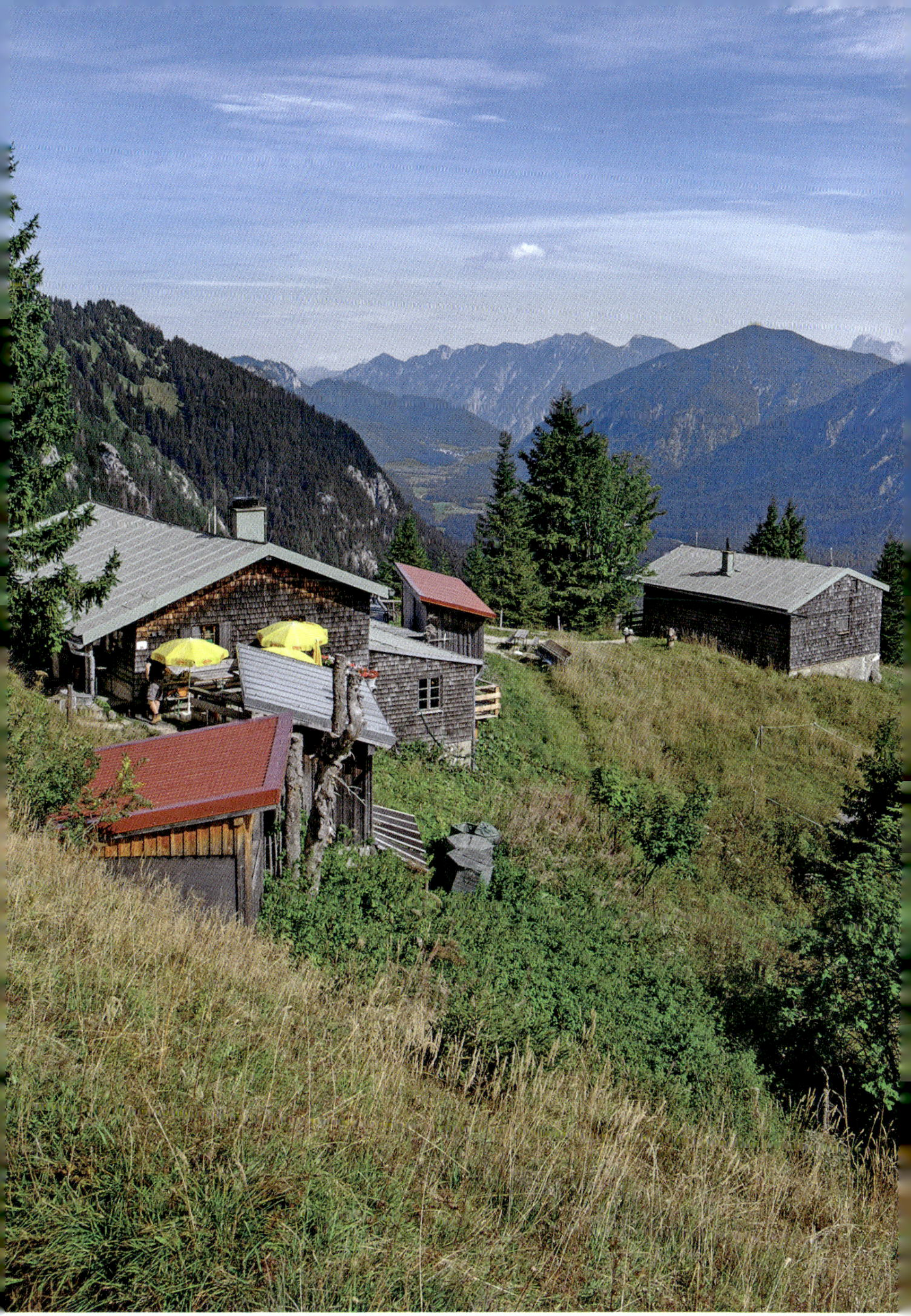

Brunnenkopfhütte mit den Ammergauer Alpen

auf Starnberger und Ammersee und sehen auch schon die **Brunnenkopfhütte** (1602 m) in einem Sattel – keine 10 Minuten später stehen wir auf ihrer Panoramaterrasse! Alle, die nicht ganz schwindelfrei sind, haben damit das Tagesziel erreicht und genießen hier ihre Brotzeit mit Aussicht: Tief unter uns liegt das Graswangtal, sogar das Kloster Ettal kann man erkennen, und rundum reihen sich die Berge der Ammergauer Alpen aneinander.

Wer jetzt noch Gipfelabsichten hegt, folgt der Beschilderung auf den Bergpfad hinter der Hütte. Der Weg steigt in kurzen Kehren kräftig bergan und bringt uns hinauf zum felsigen Gipfelaufbau des **Brunnenkopfs** (1718 m). Zum Finale leitet uns ein Drahtseil zum Gipfelkreuz, an dem jedoch kaum drei Bergwanderer Platz für eine Schaurast haben – an der Hütte sitzt man sicherlich gemütlicher. Da der Rückweg über den Hinweg verläuft, wissen wir also schon, was uns Schönes auf der **Brunnenkopfhütte** erwartet, ehe es wieder auf demselben Weg hinunter zum Parkplatz bei **Schloss Linderhof** geht.

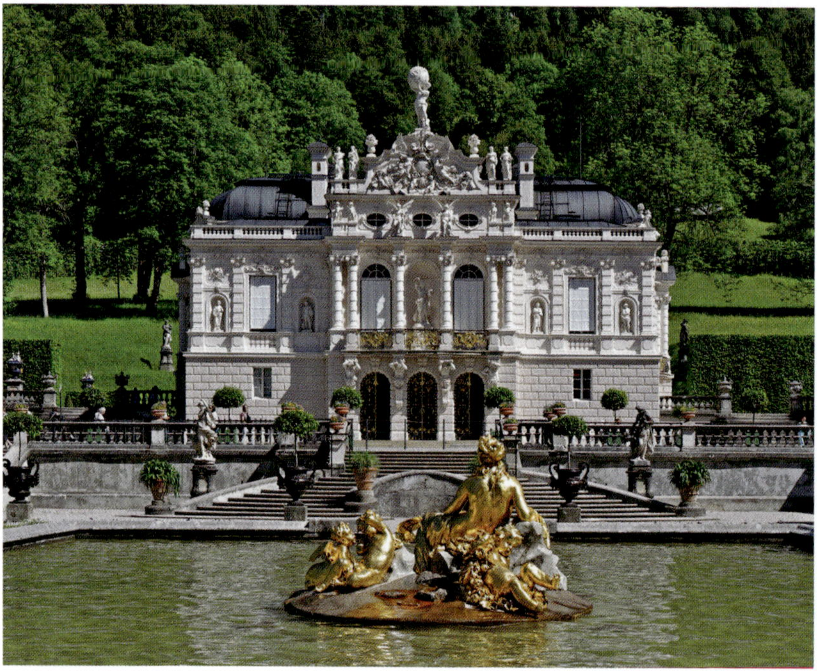

Schloss Linderhof steht auch auf dem Tagesprogramm.

Auf einen Blick

AUSGANGS-/ENDPUNKT

Parkplatz am Schloss Linderhof
GPS: 47.569382, 10.955738

ANFAHRT

ÖPNV: Mit dem Zug nach Oberammergau und weiter mit dem Bus ins Graswangtal zum Schloss Linderhof
Auto: Schloss Linderhof liegt im Graswangtal südlich von Oberammergau und ist über die A 95 und die B 2 bis Oberau, dann die B 23 nach Ettal und dort links über die St 2060 zu erreichen.

GEHZEIT UND SCHWIERIGKEIT

Bis zur Hütte technisch sehr leichte, aber etwas längere Wanderung (4 Std., 11 km, 750 Hm) – ein schmaler, abwechslungsreicher Forstweg führt über die gesamte Weglänge bergan. Viel Schatten! Für den Gipfel ist alpine Erfahrung nötig, man kann ihn aber auch auslassen und sich so 100 Hm und 30 Min. sparen.

EINKEHR

Die Brunnenkopfhütte gehört dem Deutschen Alpenverein und hat von Mai bis Oktober täglich geöffnet.

NOCH WICHTIG

Direkt am Startplatz liegt das wunderschöne Schloss Linderhof von König Ludwig II. Sollte die Zeit für eine Besichtigung nicht mehr ausreichen, kann man doch den Schlosspark besuchen – das Parkgelände ist frei zugänglich. Der Garten wurde nach den Wünschen des Märchenkönigs von Carl von Effner entworfen. Brunnen, Wasserkaskaden und herrliche Sichtachsen setzen das Schloss gekonnt in Szene. Der Kontrast der gestalteten Parkanlage zum nahtlos übergehenden natürlichen Bergwald ist einfach grandios.

INFORMATION

brunnenkopfhuette.com;
schlosslinderhof.de

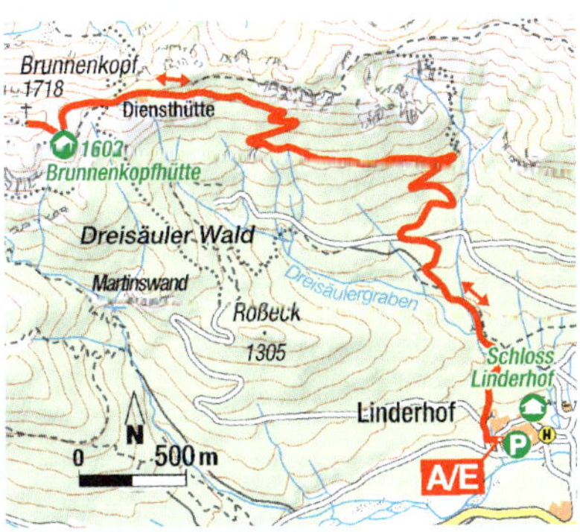

3

Auf den Kofel bei Oberammergau

KULTPLÄTZE UND EIN KÖNIGLICHER STEIG

Nicht nur ausdauernd, auch etwas mutig muss man bei dieser Bergtour sein – dann wird man vom markanten Felszinken des Kofels mit einer sensationellen Aussicht auf Ammertal und Oberammergau belohnt. Und neben dieser Aussichtsloge gibt es noch viel Interessantes und Spannendes am Wegrand zu entdecken.

So lohnt sich die Bergtour auch für alle, die nicht ganz so mutig und schwindelfrei sind: Sie freuen sich über den herrlichen Bergwald, und der Grottenweg sowie die Kolbensattelhütte sind auch für sich schon einen Besuch wert. Ausgangspunkt der Tour ist der **Parkplatz der Kolbensesselbahn**. Von dort geht es hinauf zur Talstation und noch unterhalb des Liftgebäudes auf dem Weg nach links. Wir umrunden das Gebäude und wandern vorbei an einer Ski-Bar zum Waldrand, wo wir auf einen breiteren Wanderweg stoßen. Dieser führt uns zunächst am Kolbenbach entlang durch den Wald, munter plätschert dabei der Bergbach links und rechts unseres Wegs dahin. Bald darauf verlassen wir den Wald und erreichen einen breiteren Weg. Familien mit Kindern, die direkt zur Kolbensattelalm wollen, gehen hier rechts. Alle anderen halten sich links und wandern ein Stück bergab, bis uns schließlich ein Wegweiser nach rechts auf den **Grottenweg** schickt.

Kaum sind wir wieder im Wald, wird es wildromantisch: Umgeben von großen moosbewachsenen Felsbrocken fühlen wir uns wie in einem Feen- und Zauberwald, durch den wir relativ eben am Fuß des Kofels entlangwandern.

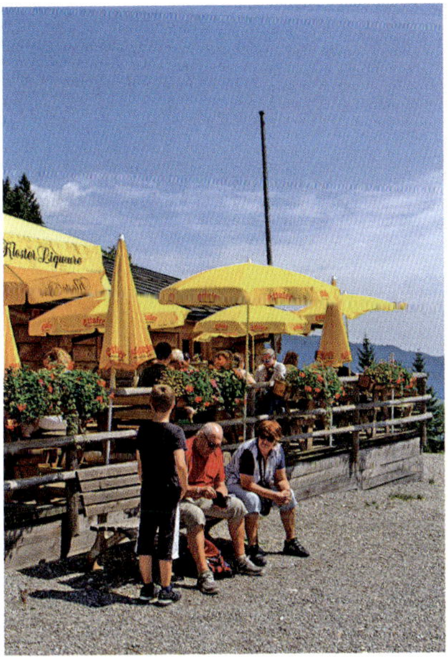

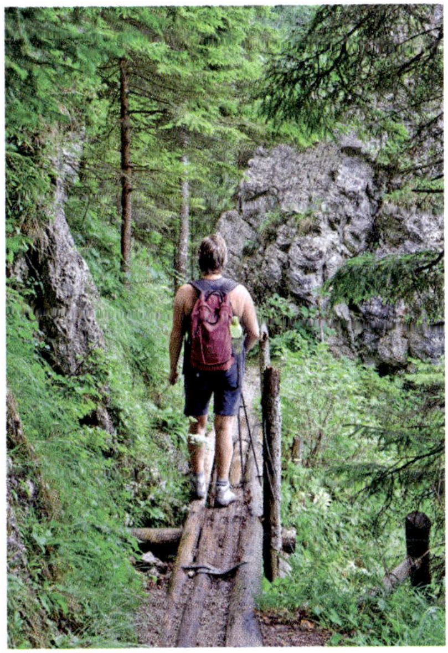

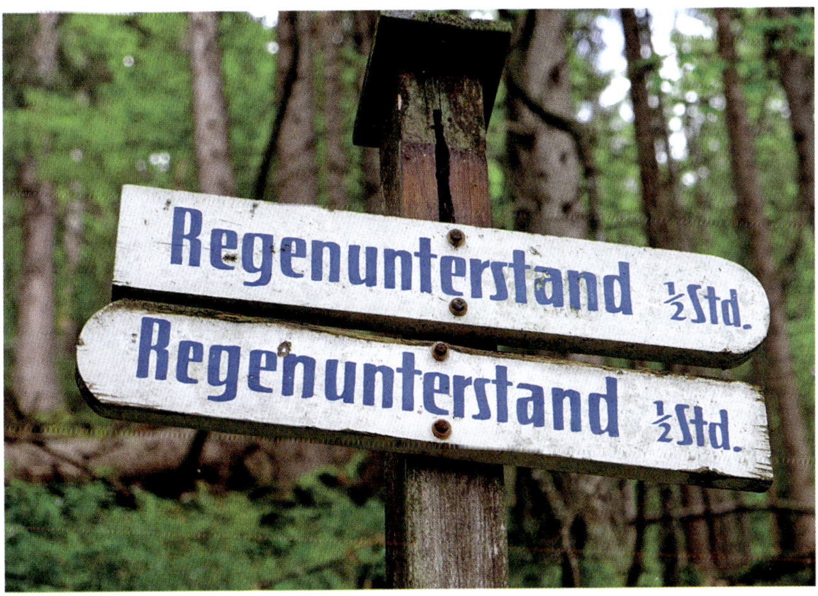

◀ Auf der Kolbensattelhütte
▶ Am Königssteig
▼ Den brauchen wir hoffentlich nicht!

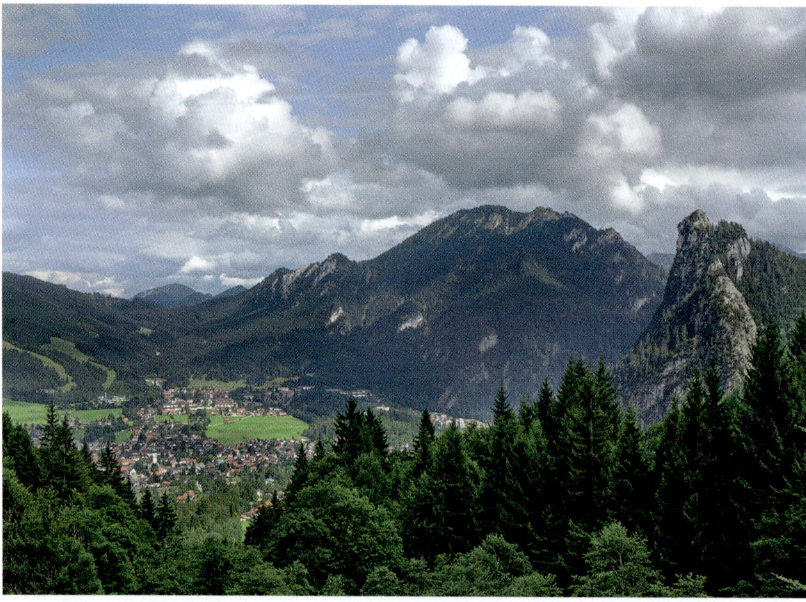

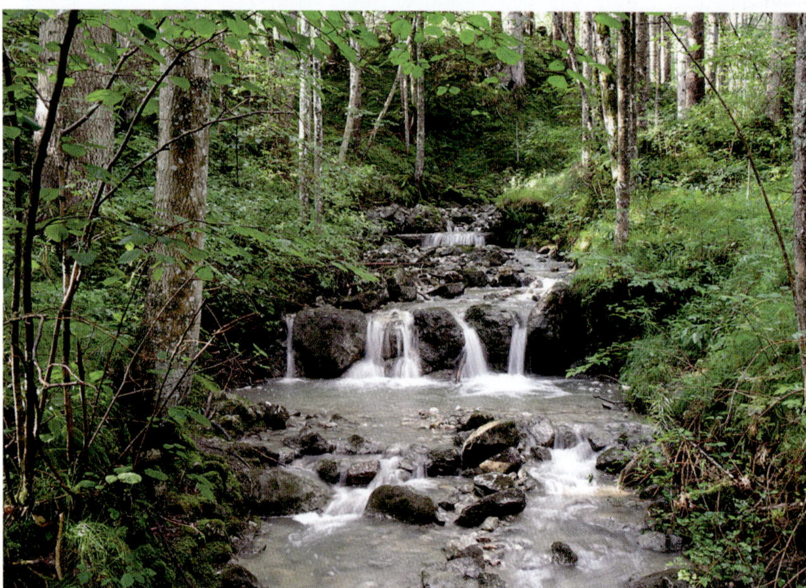

▲ Aussicht auf den Kofel und Oberammergau
▼ Am Kolbenbach

Schließlich passieren wir die **Mariengrotte**, und kurz darauf trennen sich die Wege: Jetzt geht es nach rechts bergauf, der Beschilderung zum Kofel folgend. Gleich zu Beginn wandern wir noch über eine kleine Almwiese, dann wird der Pfad immer steiler, aber zum Glück führt er wieder in den Wald hinein, sodass wir nicht zu sehr ins Schwitzen kommen. Schließlich nähern wir uns der ersten Felswand des Kofels, wo sich der Weg nach links wendet. Wer hier aufmerksam durch den Bergwald wandert, erkennt viele größere und kleinere Steine, die unterhalb der Baumstämme liegen. Hier wird die Schutzfunktion eines Bergwalds mehr als deutlich sichtbar, und auch wir sollten verstärkt aufpassen, denn der Kofel ist ständig in Bewegung.

Bald queren wir ein Schuttkar – dieser Wegabschnitt ist zwar überschaubar, aber wir müssen nun das erste Mal unsere Schwindelfreiheit unter Beweis stellen. Dafür werden wir mit einer kleinen, feinen Aussicht belohnt, und jetzt ist es auch nicht mehr weit: Vorbei an Felswänden erreichen wir den **Kofelsattel** (1215 m). Weniger geübte Bergsteiger werden hier eine Rast einlegen, während sich die Profis hinauf zum Gipfel wagen. Für wenige Minuten geht es anfangs noch harmlos durch den Wald, dann stehen wir am Fuß des felsigen Gipfelaufbaus. Das erste Drahtseilstück ist schnell geschafft, einige Treppenstufen führen zum nächsten Sicherungsseil – ab hier ist nun absolute Trittsicherheit und Schwindelfreiheit erforderlich! Vom Gipfel trennen uns noch 15 Minuten, und im Zickzack führt der Klettersteig über Felsschrofen hinauf. Unter einer Felsnase vorbei wird der Weg noch einmal »normaler«, dann erreichen wir über eine weitere Stufe und eine Rinne das Gipfelkreuz des **Kofels** (1342 m). Die Aussicht ist einmalig schön: Fast senkrecht unter uns liegt Oberammergau, dahinter erheben sich der Laber mit dem Ettaler Mandl, der Große Aufacker und das Hintere Hörnle. Das grüne Band der Ammer zieht sich durch das Tal, und im Osten sehen wir hinter Ettal das Estergebirge.

Nach dieser genussvollen Schaurast steigen wir wieder vorsichtig zurück in den **Kofelsattel**, wenden uns nun nach rechts (also weiter in der ursprünglichen Wanderrichtung) und folgen der Beschilderung Richtung Kolbensattelhütte. Vorbei an einem kleinen Regenunterstand geht es nun recht lange auf dem **Königssteig** im leichten Auf und Ab durch den Wald. Wir queren einige Rinnen und Bachläufe, und nach wie vor ist hier etwas Trittsicherheit gefragt. Dann passieren wir an einem weiteren Regenunterstand eine erste Abzweigung hinunter nach Oberammergau, setzen unseren Weg jedoch weiter fort, denn wir wollen noch in der **Kolbensattelhütte** (1270 m) einkehren. Diese ist bald schon zwischen den Bäumen sichtbar, und kurz darauf stehen wir auf der sonnigen Wiese, über die wir in wenigen Minuten die große Terrasse des Berggasthofs erreichen. Nun können wir unseren Hunger und Durst stillen und nebenbei die einmalige Aussicht genießen – vor allem der Blick hinüber zum Kofel zeigt uns die markante Felsnadel noch einmal in ihrer ganzen Schönheit.

Nach der Rast können wir uns entscheiden: Der Abstieg zu Fuß hinab zum **Parkplatz** beginnt unterhalb der Hütte. Viel lustiger und knieschonender ist allerdings die rasante Abfahrt mit dem »Alpine Coaster« – der Zugang zur Sommerrodelbahn befindet sich an der Bergstation der Kolbensesselbahn (Tickets kauft man am Hochseilgarten oder erkundigt sich bei der Sesselbahn). Dann brausen wir rasant und sehr vergnüglich hinab, und ehe wir uns versehen, sind wir mit einem breiten Lächeln im Gesicht wieder im Tal an unserem Ausgangspunkt angekommen.

Noch wichtig

Am Grottenweg liegen viele große Felsen, die sich vor Jahrhunderten vom Kofel lösten. Ein kultiger Platz, denn an den Felswänden finden sich Felsritzungen aus den unterschiedlichsten Epochen: Drudenfuß, Römerkopf, Teufelsfratzen, Jahreszahlen oder klassische Liebesbeweise – es gibt viel zu entdecken.

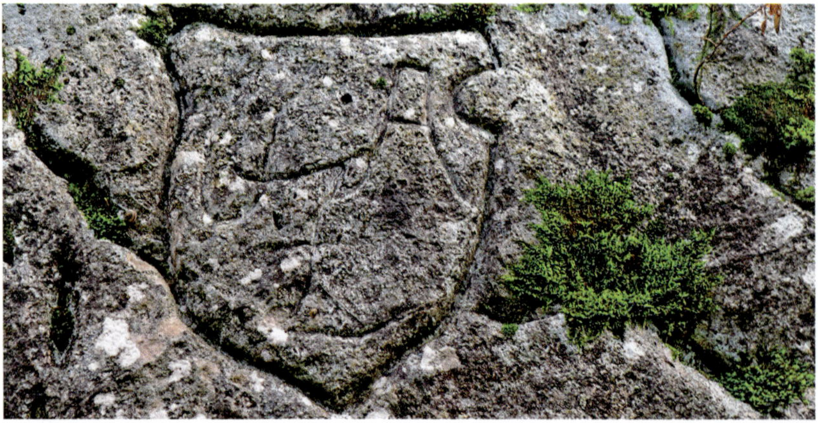

Als Petroglyphen werden diese Felsritzungen auch bezeichnet.

Auf einen Blick

AUSGANGS-/ENDPUNKT

Parkplatz an der Kolbensesselbahn
GPS: 47.597718, 11.048463

ANFAHRT

ÖPNV: Mit Bahn oder Bus bis Oberammergau. Dort wandert man auf der Bahnhofstraße nach rechts und biegt dann links in die Kolbengasse, die in ca. 15 Min. zum Parkplatz führt.
Auto: A 95 bis Eschenlohe und weiter über die B 2 Richtung Garmisch, in Oberau rechts Richtung Ettal abbiegen, auf der B 23 über den Ettaler Sattel nach Oberammergau und über die zweite Ortseinfahrt nach dem Tunnel direkt zum gebührenpflichtigen Parkplatz der Kolbensesselbahn

GEHZEIT UND SCHWIERIGKEIT

Anspruchsvolle Bergtour mit steilem Aufstieg (3.30 Std., 9 km, 650 Hm). Im Gipfelbereich (den man auch auslassen kann) werden Trittsicherheit und Schwindelfreiheit benötigt, dort erwartet uns eine drahtseilgesicherte, aber einfache Kletterpassage. Den Abstieg können wir mit der Sommerrodelbahn »Alpine Coaster« oder dem Lift deutlich verkürzen, ohne diese Hilfe muss man zusätzliche 45 Min. Fußweg einrechnen.

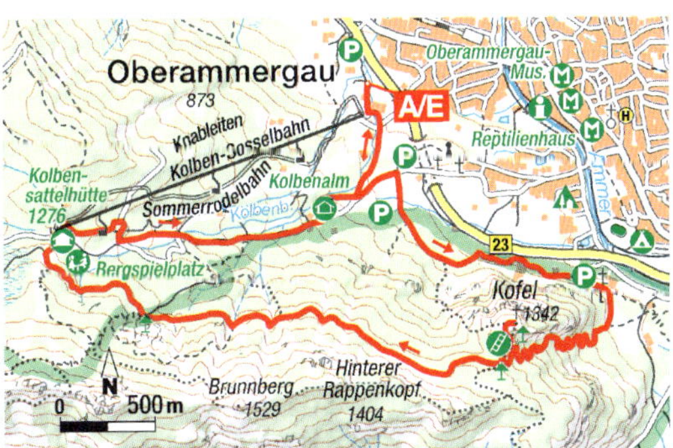

EINKEHR

Die gemütliche Kolbensattelhütte ist vor allem ein Eldorado für Familien mit Kindern, die den großen Abenteuerspielplatz und die Freizeitangebote wie Hochseilgarten und »Alpine Coaster« sehr schätzen.

INFORMATION

ammergauer-alpen.de; kolbensattel.de/kolbensattelhuette

4

Auf den Hochschergen

ABSEITS UND EINSAM IN DEN AMMERGAUER ALPEN

Der Hochschergen liegt in einem versteckten Winkel des Ammertals, und der Weg dort hinauf führt durch einen Schatten spendenden Wald. Oben erwartet uns ein teils bewachsener Wiesenbuckel, der trotzdem schöne Fernblicke erlaubt. Das Beste daran: Ruhe und Einsamkeit sind hier garantiert!

Wir starten unsere Tour am **Parkplatz an der Halbammer** und gehen ein Stück auf der Zufahrtsstraße zurück, passieren das **Forsthaus Unternogg**. Nach dem Forsthaus wandern wir noch für ca. 750 Meter weiter auf der Straße in Richtung Altenau. Das historische Gebäude war seit mehr als 100 Jahren ein beliebtes Gasthaus, das leider geschlossen wurde, aber demnächst wieder neu eröffnen soll (Stand 2023). Kaum lichtet sich der Wald, biegen wir schräg rechts in den Feldweg ein, der zu einer Scheune hinaufführt. Auf diesem Weg geht es nun geradeaus (nicht zu der Scheune auf der Wiese!), also wieder in westlicher Richtung zurück über die Wiesen. Nach wenigen Minuten sind wir dann im Wald und folgen nun dem ansteigenden Forstweg. Nach einigen Minuten zweigt nach links eine Forststraße ab – diese Abzweigung ignorieren wir aber, halten uns geradeaus und erreichen so eine kleine Lichtung, an der sich der Weg verzweigt. Hier stoßen wir zum ersten Mal auf Wanderwegschilder, die zwar klein und handgeschrieben sind, aber ihren Zweck erfüllen.

Wir folgen dem Schild »Schergenkopf Fußweg« nach links. Stets ansteigend geht es nun auf dem immer noch breiten Waldweg in östlicher Richtung zwischen zwei bewaldeten Hügelrücken weiter. Bald schon gewährt uns der Wald erste Aussichtslücken nach Norden. Schließlich erreichen wir, ein gutes

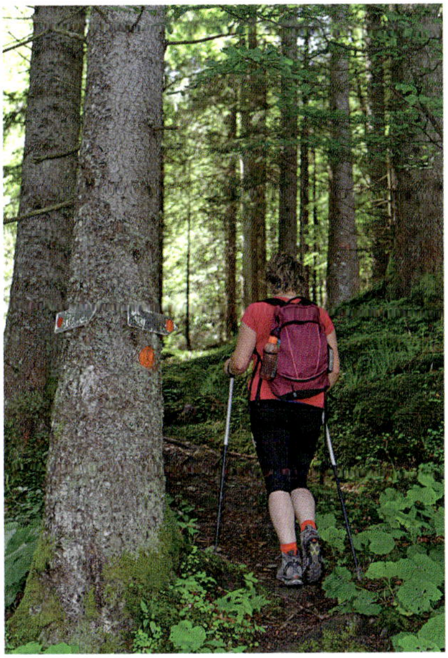

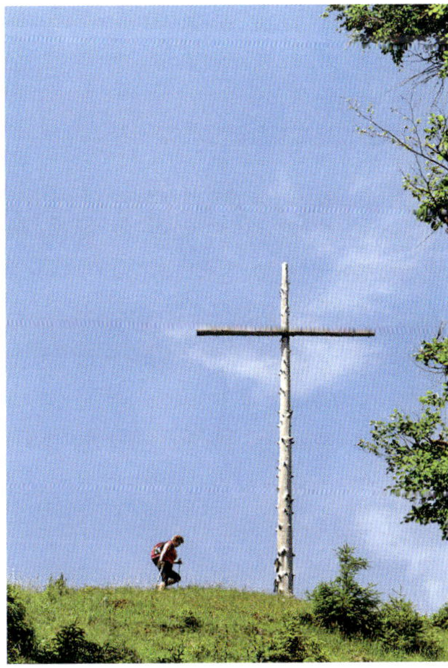

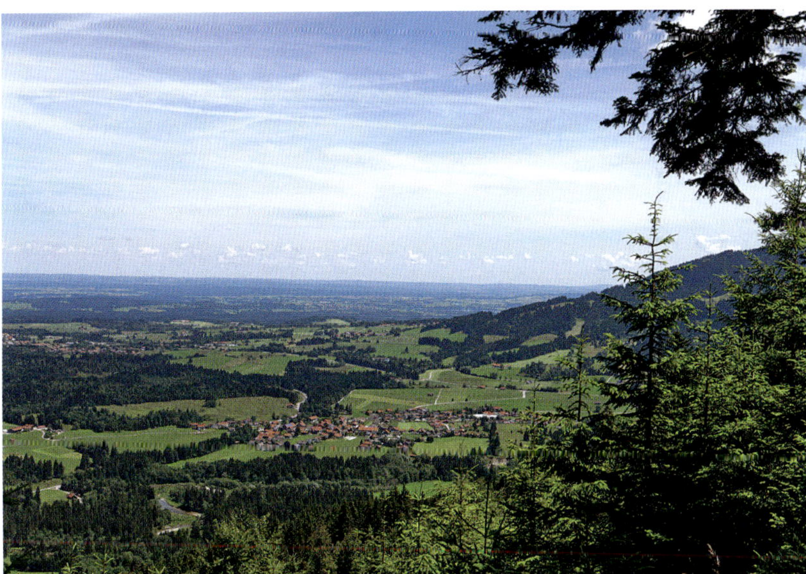

◀ Pfade ziehen sich durch den Wald.
▶ Das Gipfelkreuz am Hochschergen
▼ Aussicht auf Altenau

Stück nach dem Wegmarterl mit dem **Hl. Leonhard**, das Ende der breiten Straße und folgen rechts dem schmalen Pfad, der mit einem roten Punkt und zum Schergenkopf beschildert ist.

Jetzt wird es anstrengender. Wir steigen steil im Zickzack auf dem wurzeligen Waldweg zwischen zwei tief eingeschnittenen Bachgräben aufwärts, bis wir erneut auf eine Forststraße stoßen, die wir, etwas nach links versetzt, queren. Auf dem steilen Pfad geht es erneut im Zickzack den Hang hinauf, bis der Pfad in einer Forststraße endet. (Wem dieser Anstieg im ersten Teil der Tour zu steil sein sollte, der kann diese Stelle auch umgehen: Dafür folgt man dem Forstweg nach rechts, bis man leicht ansteigend auf die nächste Forststraße stößt. Auf dieser geht es nach links, bis sie mit dem steilen Pfad zusammentrifft.)

Schräg auf der anderen Seite der Forststraße finden wir das nächste Schild (diese scheinen lustigerweise in der Folge immer kleiner zu werden). Wir folgen dem Kürzel »F.weg« auf dem nun nicht mehr ganz so steilen Pfad, der noch zweimal kleine Karrenwege kreuzt. Jetzt dauert es nicht mehr lange, und schon taucht vor uns auf einem Wiesenbuckel das Gipfelkreuz auf dem 1396 Meter hohen **Hochschergen** auf. Auf dem sonnigen Wiesenrücken angekommen, finden wir mehrere Rastbänke und sogar ein Tischchen vor. Die Aussicht muss man sich zum Teil zwischen den Fichten hindurch etwas suchen – trotzdem können wir nach Süden hin leicht die Große Klammspitze, den Teufelstättkopf und den Pürschling ausfindig machen. Nach Norden sehen wir über den Ammer- und den Starnberger See bis nach München.

Nach der verdienten Gipfelbrotzeit verlassen wir schweren Herzens diese Oase der Ruhe und steigen zunächst auf demselben Pfad zur Forststraße ab. Nun ist der Rückweg sehr einfach: Wir bleiben stets dieser Forststraße treu und treffen so ziemlich weit unten wieder auf die Wegkreuzung, die wir bereits vom Hinweg kennen. Bis dorthin dürfen wir uns immer wieder über die wunderbaren Ausblicke über das Ammertal und Altenau freuen, ebenso über die zahlreichen Blau- und Walderdbeeren, die hier im frühen Sommer entlang des Weges wachsen. Von der Kreuzung ist es dann nicht mehr weit, und wir wandern auf dem uns schon bekannten Hinweg wieder zurück zum **Parkplatz an der Halbammer**.

Auf einen Blick

AUSGANGS-/ENDPUNKT

Parkplatz Halbammer/Unternogg
GPS: 47.646409, 10.969813

ANFAHRT

ÖPNV: Vom kleinen Bahnhof in Altenau muss man zusätzliche 30 Min. Anmarsch einrechnen: Dafür wandert man in die Ortsmitte und folgt der Unternoggstraße, die zur Königsstraße wird, passiert bald ein großes Sägewerk, und 1 km weiter, ehe man wieder in den Wald kommt, beginnt links von der Straße der Aufstieg.
Auto: B 23 nach Saulgrub, kurz hinter dem südlichen Ortsende nach Altenau abbiegen, dort im Ort nach der Bahnunterführung rechts und nach dem Dorfweiher links in die Unternoggstraße, das Sägewerk passieren und zum Forsthaus Unternogg; dahinter liegt der Wanderparkplatz an der Halbammer.

GEHZEIT UND SCHWIERIGKEIT

Leichte Tour (3.45 Std., 12 km, 600 Hm). Beim Aufstieg zunächst breiter Waldweg, dann steiler Steig. Der Abstieg verläuft überwiegend auf einem breiten Wanderweg. Viel Schatten, aber wenig beschildert

EINKEHR

Unterwegs keine. Im Dorfwirt in Altenau (altenauer-dorfwirt.de, Di/Mi Ruhetage) kann man hervorragend einkehren

AUCH INTERESSANT

Das Forsthaus Unternogg: König Ludwig II. gastierte hier gern, wenn er mit seiner Kutsche auf dem Weg von Schloss Linderhof nach Hohenschwangau war. Er, der die Einsamkeit liebte, ließ flussaufwärts von Unternogg ein kleines Häuschen errichten, von dem jedoch nichts mehr übrig ist; auf den ehemaligen Grundmauern hat man stattdessen eine Hubertuskapelle errichtet.

INFORMATION

ammergauer-alpen.de

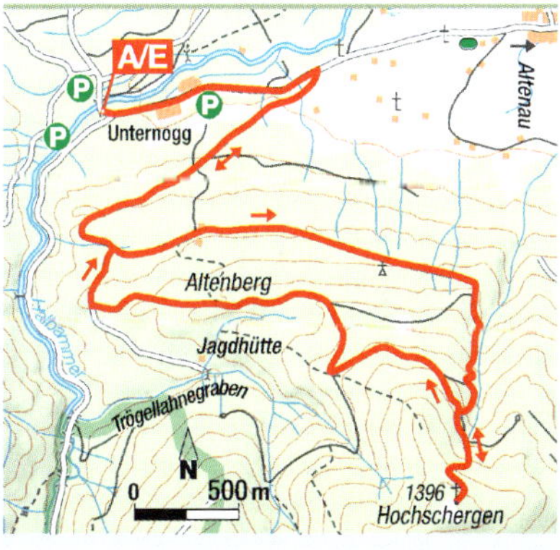

5

Drei-Gipfel-Glück am Hörnle

WANDERSPASS AM KOHLGRUBER HAUSBERG

Auf das Hörnle führen viele Wege, der einfachste mit dem Sessellift. Wer jedoch etwas sportlich unterwegs sein möchte, steigt von Bad Kohlgrub zu Fuß auf den Hausberg und erwandert sich alle drei Gipfel, jeder mit einer unterschiedlichen Aussicht. Danach kann man sich immer noch für eine Fahrt mit der Seilbahn zurück ins Tal entscheiden.

Wir beginnen die heutige Wanderung an der **Talstation der Hörnlebahn**. Links von der Station führt ein kleiner Fußweg zum oberen Parkplatz, wo wir an dessen Ende die große Holzhütte ansteuern. Links von der Hütte beginnt der Aufstieg zum Hörnle. Nach einem kleinen Waldstück wandern wir auf dem breiten Almweg über die Wiesen und treffen auf einen asphaltierten Weg. Ihm folgen wir nach links und marschieren durch eine abwechslungsreiche Wald- und Wiesenlandschaft. Den Abzweig zum Sommerweg lassen wir rechts liegen und unterqueren gleich darauf die Hörnlebahn, deren Kabinen gemächlich über unseren Köpfen hinaufschweben. Der Weg steigt fast immer an, wird jedoch nicht besonders steil, und wir genießen erste atemberaubende Ausblicke über die Ebene.

Schließlich wendet sich die kleine Bergstraße in einer Spitzkehre mit einem Wendeplatz nach rechts, und nun geht es für uns in südöstlicher Richtung weiter. Jetzt sind wir im schattigen Bergwald unterwegs und erreichen unweit der Hörnlebahntrasse wieder eine gut beschilderte Wegverzweigung. Hier biegen wir links ab und folgen der Beschilderung Richtung Hinteres Hörnle. Weiter

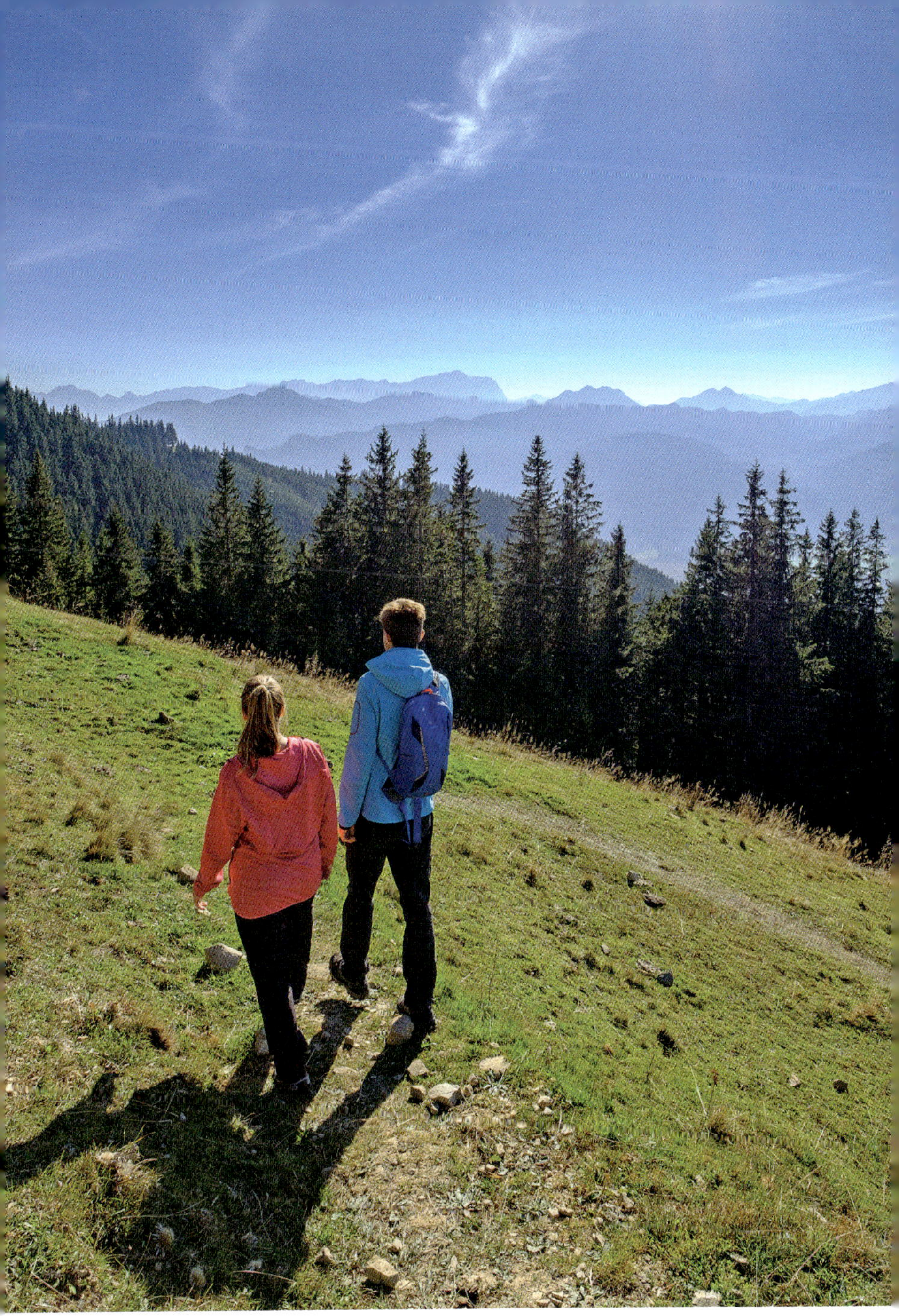

Aussichtsreich und sonnig wandern wir über das Hörnle.

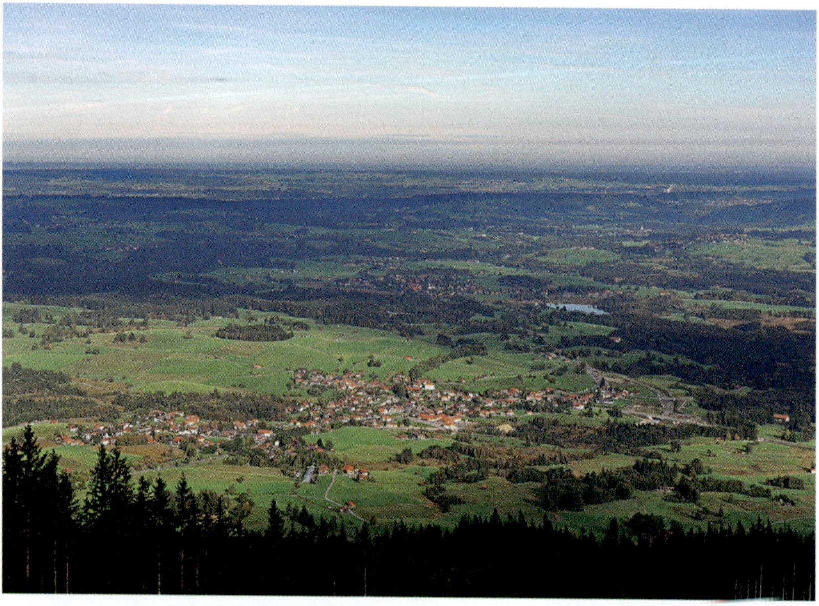

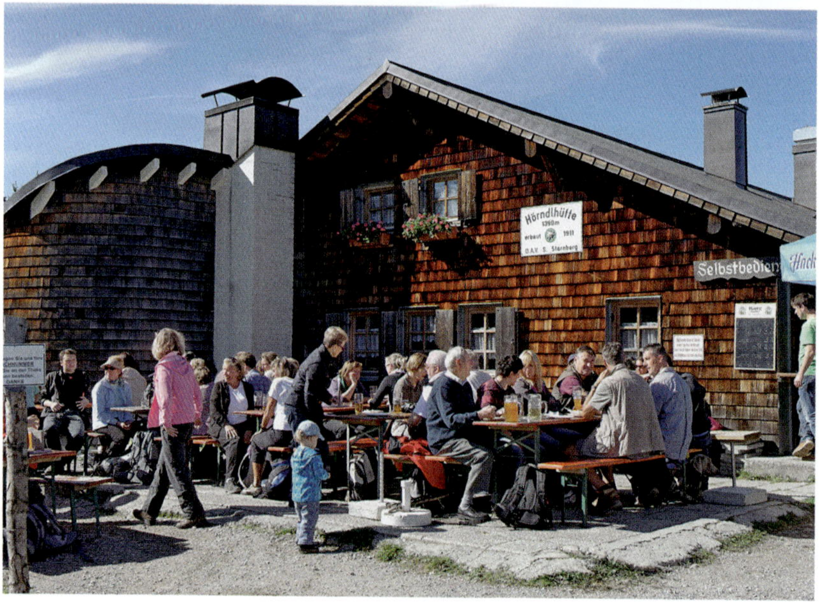

▲ Tief im Tal liegt Bad Kohlgrub.
▼ Rast auf der Hörnlehütte

geht es auf der kurvigen Forststraße immer in Wanderrichtung. Erst, wenn sich der Wald langsam lichtet, wissen wir, dass wir unser Ziel fast erreicht haben. In einer scharfen Rechtskurve, in der eine kleine Almhütte steht, verlassen wir nun endgültig den Wald und treten auf die lang gezogene Almwiese, die alle drei Hörnlegipfel miteinander verbindet. Am Sattel treffen wir auf den Hauptweg, dem wir nach links zu dem bereits sichtbaren Wiesenbuckel, dem **Hinteren Hörnle** (1548 m), folgen. Über Pfade steigen wir nun etwas steiler zu unserem ersten Gipfelziel hinauf. Das ist nun wirklich nur noch ein Kinderspiel und in wenigen Minuten zu schaffen. Dort oben auf dem Wiesenbuckel finden wir dann unter dem wunderschönen Gipfelkreuz genügend Platz zum Rasten. Wenn das Hintere Hörnle auch nicht besonders hoch ist, so bietet es doch eine weite Sicht: Tief unter uns liegt Bad Kohlgrub, das, wie alle Dörfer im südlichen Oberbayern, in den letzten Jahren unglaublich gewachsen ist. Weiter links, hinter dem kleinen Kirchlein von Saulgrub, kann man recht gut den Verlauf der tief eingeschnittenen Ammer ausmachen – sie ist einer der letzten unverbauten Wildflüsse der bayerischen Voralpen. Im Westen liegen die Waldberge des Trauchgaus mit dem Hohen Bleick, dann folgen die felsigen Gipfel des Ammertals. Der Kofel, Oberammergaus Hausberg, ist links neben dem Ort Unterammergau nicht zu übersehen, nur Oberammergau selbst wird vom Wald verdeckt. Im Hintergrund steht die Notkarspitze vor dem Wettersteingebirge mit der Zugspitze, dann folgen die Kalkgipfel des Karwendels. Im Osten liegt das Murnauer Moos mit seinen »Köcheln«, den Felsbuckeln aus Granit, die alle Eiszeiten überstanden haben (nur der Gewalt des Menschen konnten sie nicht widerstehen: Sie wurden als Steinbruch genutzt und lieferten u. a. Schotter für Bahngleise). Über dem Moor erhebt sich das wenig besuchte Estergebirge, dann folgen im Voralpenland Staffel-, Rieg- und Starnberger See.

Für den Abstieg wählen wir entweder denselben Weg, oder wir steigen auf der Rückseite ab und umrunden zur Hälfte das Hintere Hörnle, um wieder auf den breiten Almweg zu gelangen. Diesem folgen wir nach links und passieren kurz darauf den Weg unserer Aufstiegsroute. Zudem dürfen wir uns jetzt über den **Themenweg »Zeit«** freuen, der hier angelegt wurde – immer wieder laden herrliche Ruhebänke zu einer Rast ein. Im Sommer weiden neben den vielen Kühen auch jede Menge Haflinger auf den Wiesen, die auf der großen und weiten Fläche fast grenzenlos laufen dürfen. Wir passieren die **Hörnle-Alm** (1431 m), in der es kleine Brotzeiten und Getränke gibt.

Im Anschluss können wir auf das eher unscheinbare **Mittlere Hörnle** (1496 m) steigen, um es zu überschreiten. Zu ihm führt ein steiler Pfad empor, der auf der anderen Seite unweit des Vorderen Hörnles wieder in der Almstraße mündet. Das gleiche Spiel lässt sich am **Vorderen Hörnle** (1484 m) wiederholen, und zwar über die Ostseite. Vorbei an der runden Ruhebankeinzäunung steigen wir auf und über die Westseite, dann schon in Sichtweite der Hörnlehütte, geht es wieder hinab. Spätestens dort ist es Zeit für eine längere Pause oder Einkehr: In der **Hörnlehütte** (1390 m) ist immer etwas los, und das Essen schmeckt sehr gut.

Für den finalen Rückweg müssen wir uns entscheiden: Bequemerweise liegt die Bergstation der Hörnlebahn nur wenige Schritte unterhalb der Hütte – wen Knieprobleme plagen, der kann dort in den Lift steigen und bequem bergab schweben. Wer laufen will, nimmt den Weg links von der Hörnlehütte und steigt über einen breiten Almweg bergab. Aussichtsreich führt der Weg über weite Strecken über die Schneisen der winterlichen Skipiste – ein echtes Vergnügen! Wo der Weg sich in einen Sommer- und in einen Winterweg teilt, können wir uns links halten und so etwas weniger steil über den **Winterweg** Richtung Tal wandern. Vorbei an der **Hubertuskapelle** erreichen wir schließlich den Ortsteil **Sonnen**, wo es rechts zurück zum Ausgangspunkt bei der **Talstation der Hörnlebahn** geht.

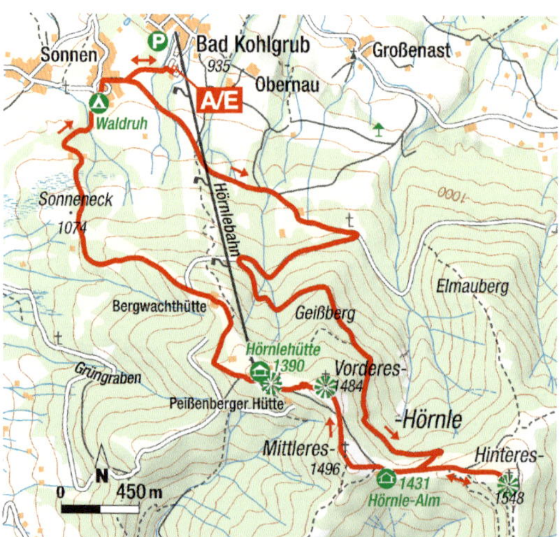

Auf einen Blick

AUSGANGS-/ENDPUNKT

Talstation der Hörnlebahn in Bad Kohlgrub
GPS: 47.661082, 11.049179

ANFAHRT

ÖPNV: Bad Kohlgrub liegt an der Bahnstrecke München–Oberammergau, und es gibt eine Busverbindung vom Bahnhof zur Talstation der Hörnlebahn.
Auto: A 95 Richtung Garmisch bis Ausfahrt Kochel/Murnau und über Murnau nach Bad Kohlgrub; dort ist die Hörnlebahn mit ihren Parkplätzen ausgeschildert (wir empfehlen den großen oberen Parkplatz).

GEHZEIT UND SCHWIERIGKEIT

Mittelschwere Bergtour (4.15 Std., 11 km, 650 Hm) zum einen auf bequemen Bergstraßen, zum anderen auf einem schmalen und wenig instand gehaltenen Bergpfad, der über Wurzeln und lehmige Stellen führt, die nach längeren Regenfällen nass und rutschig sein können

EINKEHR

Hörnlehütte (hoernle-huette.de) neben der Bergstation der Hörnlebahn; Hörnle-Alm mit kräftiger Brotzeit und einer traumhaft guten Buttermilch

AUCH INTERESSANT

Obwohl Bad Kohlgrub bereits seit 1871 den stolzen Titel »Kurort« tragen darf, ist es ein typisches oberbayerisches Dorf geblieben. Am Dorfplatz vor der Kirche mit der barocken Turmhaube plätschert Wasser aus einem Brunnen, und an vielen Gebäuden erkennt man noch gut deren ursprüngliche Bauform: die eines Bauernhofs. Bad Kohlgrub ist übrigens ein Moorheilbad – die Zutat dazu, das alpine Bergkiefern-Hochmoor, wird direkt vor Ort gewonnen; ein interessanter Lehrpfad klärt darüber auf.

INFORMATION

ammergauer-alpen.de

6

Überschreitung des Wanks

UNTERWEGS IM HERZEN DES WERDENFELSER LANDS

Von keinem anderen Berg im Werdenfelser Land hat man die Zugspitze schöner im Blick als vom Wank, der dem höchsten Berg Deutschlands genau gegenübersteht. Dabei entpuppt sich der Wank als sanfter Wiesenbuckel, auch wenn seine Eroberung eine gute Kondition erfordert. Zum Glück gibt es die Wankbahn, auf die man zurückgreifen kann.

Alle, die vorher schon genau wissen, dass sie an Gehzeit und Höhenmetern dieser Tour scheitern könnten, empfehlen wir die Wankbahn als Aufstiegshilfe, um im Anschluss den immer noch über elf Kilometer langen Abstieg zu bewältigen. Unser Ausgangspunkt ist die **Talstation der Wankbahn**. Mit Blick auf die Bahn gehen wir etwas links über den Parkplatz für die Wohnmobile, wo der ausgeschilderte Aufstieg zum Wank beginnt. Zügig führt uns das Weglein im Wald bergauf, und schon nach wenigen Minuten treffen wir auf eine Almstraße. Geradeaus querend, können wir sie abkürzen, aber nach wenigen Minuten stoßen wir wieder auf sie. Jetzt folgen wir ihr nach links (Schild »Esterbergalm«) und ignorieren kurz darauf die Abzweigung rechts zum Wank – das wäre der direkte Weg, der sehr sonnig und steil über die Südflanke zum Gipfel führt.

Wir bleiben nun für eine ganze Weile auf der Almstraße in nördlicher Richtung und passieren dabei die **Daxkapelle** (961 m), wo es eine weitere Variante für den Gipfelsturm gäbe. Wir bleiben jedoch auf der Almstraße, und nach zwei Serpentinen wird es langsam etwas flacher, und wir erreichen den

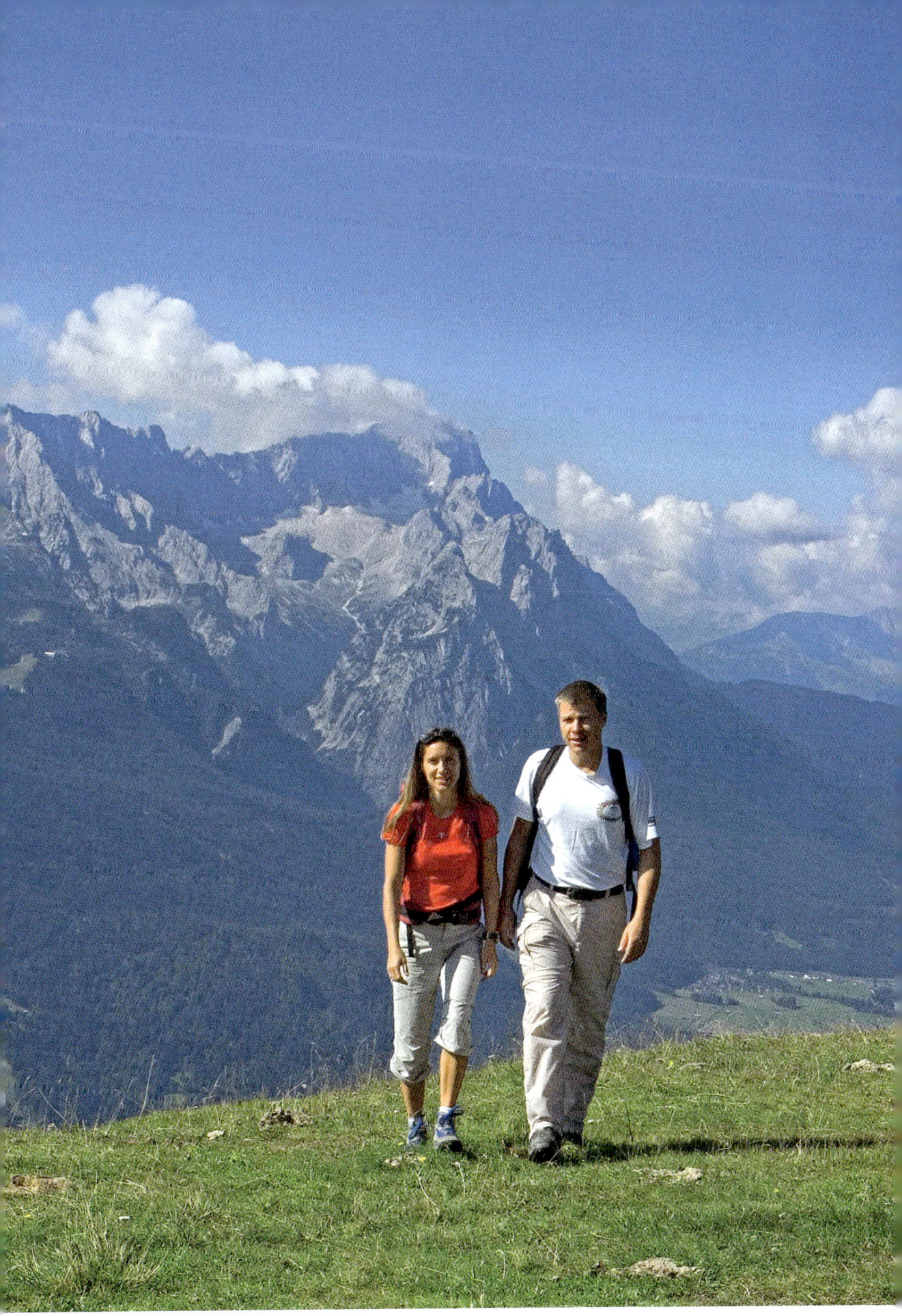

Stets mit Blick auf die Zugspitze sind wir heute unterwegs.

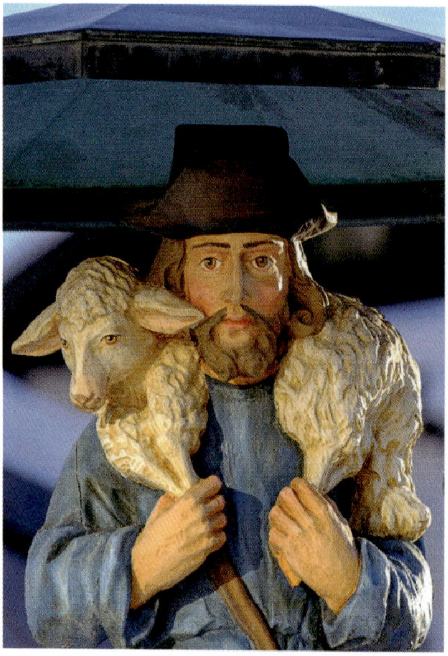

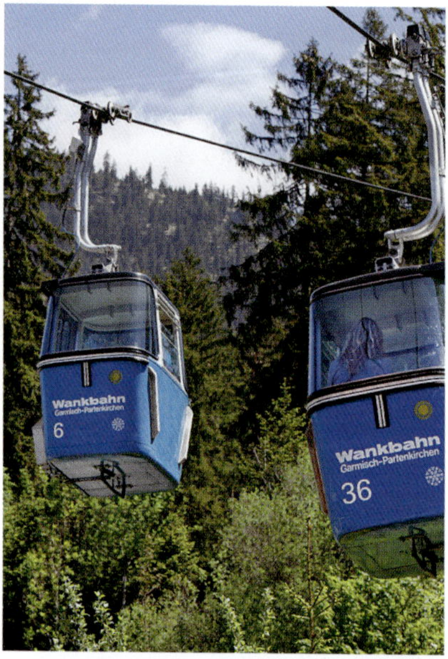

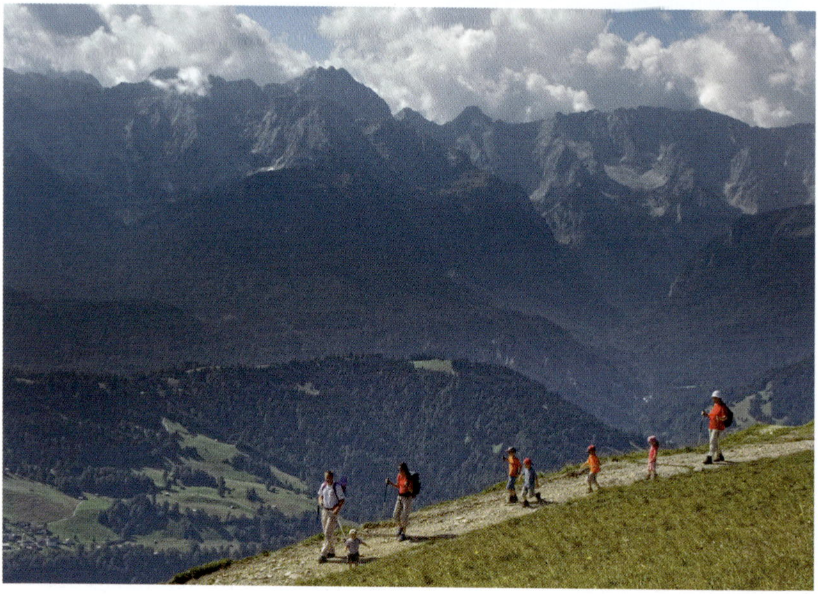

◀ Figur am Brunnen in Partenkirchen
▶ Mithilfe der Wankbahn lassen sich die Tourenmeter verkürzen.
▼ Familien mit Kindern wählen den Gipfelrundweg.

Almboden der Esterbergalm. Gleich zu Beginn teilt sich der Weg – wer nicht einkehren möchte, folgt rechts der Beschilderung zum Wank (noch 1.30 Std. Aufstieg). Ansonsten holt man sich geradeaus laufend erst einmal eine Stärkung in der **Esterbergalm** (1264 m), bevor man zum finalen Gipfelsturm aufbricht.

Dafür müssen wir von der Alm zunächst ein kurzes Stück zurückwandern, um dann links auf den ansteigenden Weg zu wechseln. Beide Wege vereinigen sich und führen als Pfad steil im Zickzack durch Latschenfelder zum **Wank** (1780 m) hinauf. Erst ganz oben treten die Büsche zurück, und wir überschreiten den Wank. Als Erstes erreichen wir das große Gipfelkreuz. Auf den Wiesen drumherum findet man genügend Brotzeitplätze, von denen man die Aussicht genießen kann, aber auch das **Wankhaus** ist nur wenige Meter entfernt. Weiter in südlicher Richtung liegt die Bergstation, zu der auch die Sonnenalm gehört.

Jetzt gilt es zu überlegen, ob man noch genug Kraft und Lust für den Rückweg zu Fuß hat. Entscheidet man sich dafür, folgt man am Kinderspielplatz vorbei weiter dem breiten Weg in östlicher Richtung zu ehemaligen Liftmasten. Von dort wandern wir rechts haltend auf einem Panoramaweg aussichtsreich über die Wiesen (Schild »Gschwandtnerbauer«), biegen dann rechts ab und tauchen in die Latschen ein, die aber immer wieder schöne Ausblicke freigeben. Schließlich erreichen wir die Baumgrenze und wandern durch lichten Mischwald. An der Wegkreuzung wenden wir uns rechts (links ginge es zurück zur Esterbergalm) und folgen nun lange dem schmalen Pfad im Zickzack den Berg hinunter. Wir erreichen die Abzweigung zum **Gschwandtnerbauer** (1020 m) – wer eine Brotzeit machen möchte, geht in fünf Minuten zum Gasthaus und kommt anschließend hierher zurück.

Ansonsten wandern wir an dieser Stelle rechts, dem Schild »Tannenhütte« folgend, weiter. Jetzt steigt der Weg an, aber zum Glück gibt es viel Schatten, und wir haben es bald geschafft. Wir passieren ein Drehkreuz, dann geht es nahezu ohne Steigung über eine kleine Hochebene. Der Wald lichtet sich, und wir wandern mit Blick auf Zugspitze, Alpspitze und die markanten Waxensteine weiter nach Westen. An der breiten Forststraße halten wir uns kurz links und biegen gleich darauf rechts ab, um über die **Hacker-Pschorr-Hängebrücke** die moderne **Tannenhütte** (934 m) zu erreichen.

Nach der letzten Einkehr schlagen wir den kleinen Weg hinter der Hütte ein und steigen steil zu einem Wasserfall hinunter. Ein Steg führt uns über den

Bach, und wir wandern nach links zum **Josefsbichl**, einem wunderschönen Aussichtspunkt mit Blick über das Tal. Nun folgen wir nur noch der Beschilderung und wandern über den Philosophenweg ohne nennenswerte Steigungen vorbei an der **Wallfahrtskirche Antonius** zurück zur ausgeschilderten **Talstation der Wankbahn**.

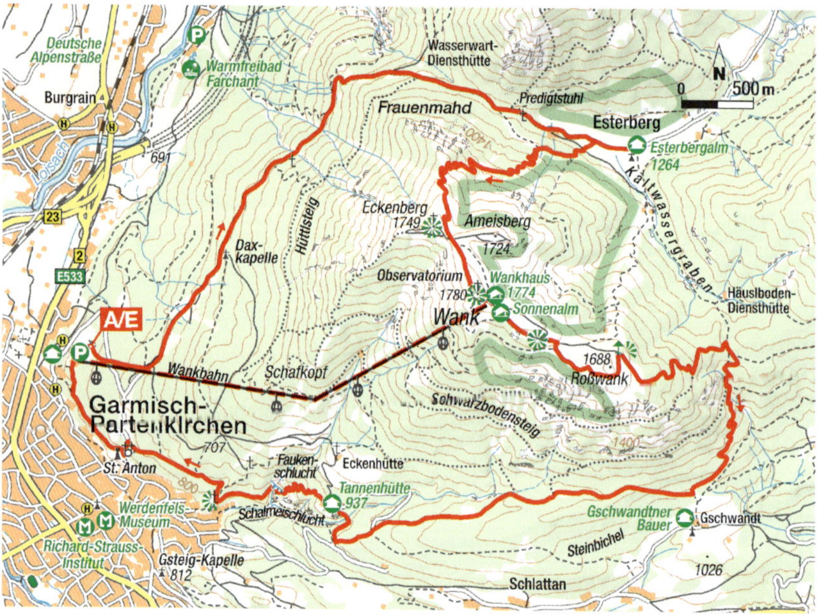

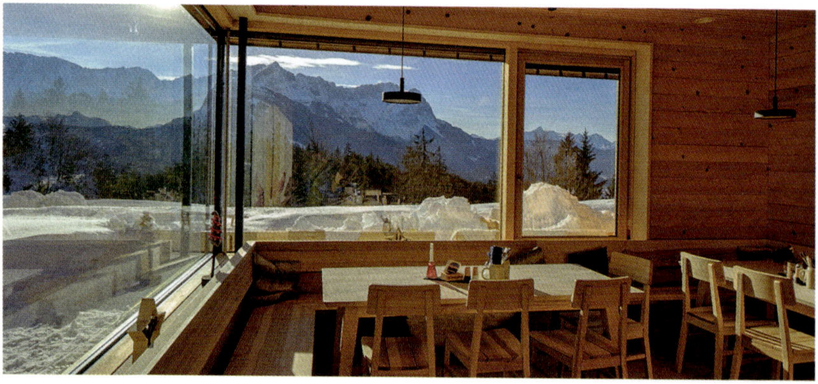

Die moderne Tannenhütte wartet auf uns im letzten Drittel der Tour.

Auf einen Blick

AUSGANGS-/ENDPUNKT

Talstation der Wankbahn, Garmisch-Partenkirchen
GPS: 47.504194, 11.106669

ANFAHRT

ÖPNV: Von München mit dem Zug nach Garmisch-Partenkirchen und weiter mit dem Bus nach Partenkirchen zur Talstation der Wankbahn
Auto: A 95 und B 2 nach Garmisch, nach dem Tunnel auf der B 2 bleiben und am Ortsbeginn von Garmisch-Partenkirchen links hinauf zur ausgeschilderten Wankbahn

GEHZEIT UND SCHWIERIGKEIT

Eine echte Konditions-Mammuttour, sowohl was die Länge betrifft als auch wegen der zu bewältigenden Höhenmeter (7 Std., 19 km, 1050 Hm). Die Wanderung verläuft über kleine Almstraßen und gut angelegte Bergwege mit keinerlei technischen Schwierigkeiten. Wanderer mit weniger guter Kondition fahren mit der Wankbahn hinauf.

EINKEHR

Mit einem kleinen Umweg kann man die Esterbergalm erreichen. Auf dem Gipfel warten Wankhaus und die Sonnenalm auf hungrige Wanderer, und am Abstieg liegt die Tannenhütte (tannenhuette.de) am Weg.

AUCH INTERESSANT

Beim Blick vom Wank auf Garmisch-Partenkirchen kann man anhand der Straßenführung, der beiden Kirchen und der Verteilung der Häuser deutlich die einst unabhängigen Gemeinden erkennen. Garmisch und Partenkirchen wurden 1936 kurz vor den Olympischen Spielen gegen den Willen der Bewohner zwangsvereint. Partenkirchen mit seiner freskenverzierten Ludwigstraße und den vielen Bauernhäusern hat sich noch einen dörflichen Charakter bewahrt, während Garmisch durch Hotels und Geschäfte mondänen Flair besitzt. Ein bisschen Rivalität zwischen den beiden Ortsteilen ist auch heute immer noch vorhanden, doch Tourismus, Wirtschaft und vor allem der Skisport vereinen beide Gemeinden.

INFORMATION

gapa.de

7

Eckbauer und Partnachklamm

TRAUMAUSBLICKE, WILDE WASSER UND URIGE BERGHÜTTEN

Eine der schönsten Bergwanderungen führt über bunt blühende Wiesen zum Bergdorf Wamberg und mit wunderschönen Ausblicken auf das Werdenfelser Land zum Eckbauer. Beim Abstieg über das Graseck gibt es zahlreiche Einkehrmöglichkeiten, ehe zum Finale die wilde Partnachklamm lockt.

Ausgangspunkt ist das **Olympia-Skistadion Garmisch-Partenkirchen**. Wer es eilig hat, kann die erste und anstrengende Hälfte der Wanderung abkürzen: Mithilfe der Eckbauernbahn schwebt man in 20 Minuten hinauf zum Eckbauern und spart sich so fast 500 Höhenmeter. Wanderlustige gehen zu Fuß auf der Auenstraße an den Tennisplätzen vorbei und kurz an der Bahnstrecke entlang, passieren dann das Schwimmbad und biegen am Krankenhausparkplatz rechts in die Kainzenbachstraße ein. Dort, wo diese links abbiegt, wandern wir geradeaus weiter und folgen der Beschilderung Richtung Wamberg.

Jetzt wird es anstrengend: Recht steil führt der Weg abwechselnd durch Wald und über Wiesen nach **Wamberg** (996 m) hinauf, das wir vorbei am Bergfriedhof erreichen. Natürlich werfen wir einen Blick in die 1720 erbaute Kirche von Wamberg, die der Hl. Anna geweiht ist. Eine schöne Figur der Kirchenpatronin – sie hält ihre Tochter Maria und das Enkelkind Jesus auf dem Arm – steht im Zentrum des eleganten Hochaltars, flankiert von den beiden Pestpatronen, den Hl. Sebastian und Rochus.

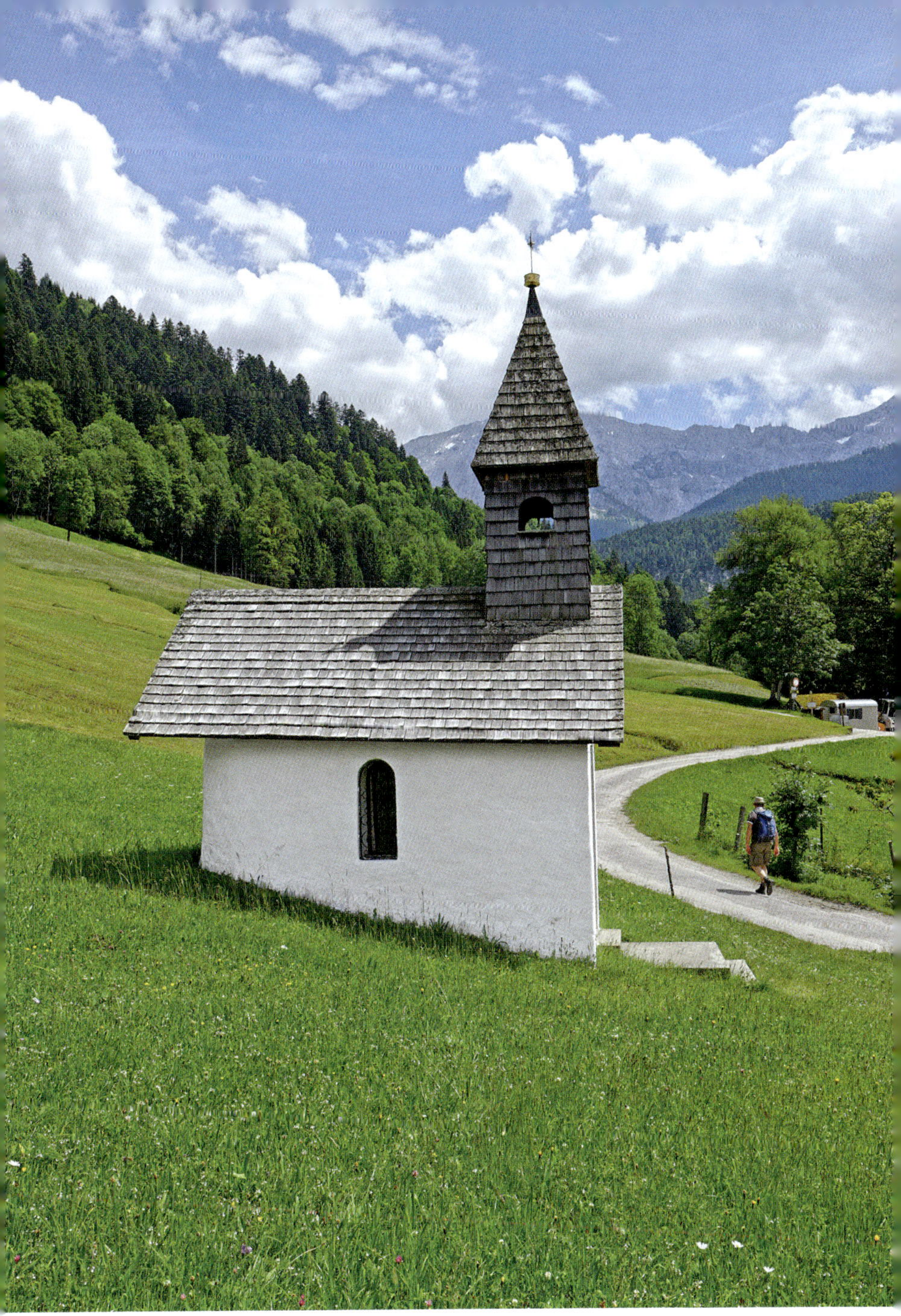

Kapelle in Vordergraseck

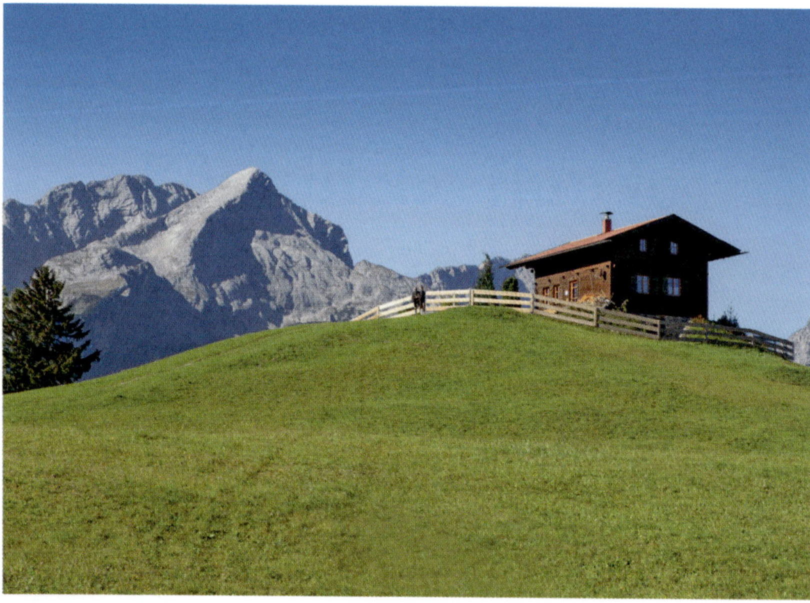

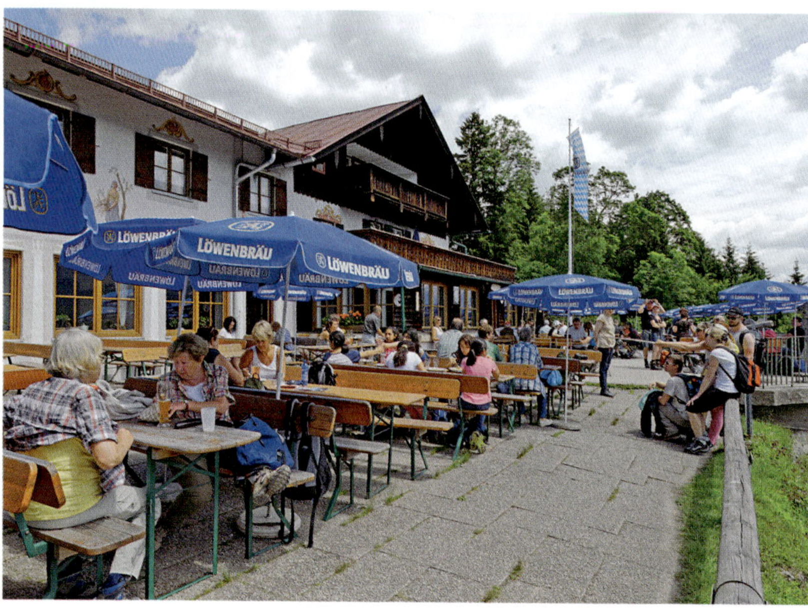

▲ Über der Hütte am Eckbauer erblickt man die Alpspitze.
▼ Berggasthaus Eckbauer

Von der Kirche aus gehen wir weiter zur Kreuzung, biegen rechts ab und wandern jetzt Richtung Eckbauer. Der Weg führt weiter steil aufwärts und erlaubt uns noch einen schönen Rückblick auf das kleine Dorf. Über den Wiesen taucht die Alpspitze auf, die wegen ihrer pyramidenartigen Form der viel höheren Zugspitze immer wieder die Schau stiehlt. An der Abzweigung zur Elmauer Alm halten wir uns rechts und steigen kurz darauf den freien Wiesenrücken hinauf. Dort oben finden wir statt einem Gipfel- ein **kleines Wegkreuz** – vielleicht ist es auch ein nicht ganz echter Gipfel, denn der Wiesenhügel trägt noch nicht einmal einen Namen. Aber es ist einer der schönsten Plätze im Werdenfelser Land mit einer überragenden Sicht auf das ganze Wettersteingebirge und das Karwendel rund um Mittenwald.

Wir steigen in Wanderrichtung den Wiesenhügel hinunter, passieren kurz darauf die Bergstation der Eckbauerbahn und erreichen dahinter das **Gasthaus Eckbauer** (1237 m) mit seiner schönen Aussichtsterrasse.

Vom Gasthaus Eckbauer folgen wir der Beschilderung »Graseck« auf dem Weg, der direkt am Ende der Terrasse beginnt. Zunächst steigen wir über viele Serpentinen auf einem schmalen Wanderweg bergab, dann halten wir uns an der Forststraße rechts und wandern nach **Graseck**, wo wir in der Almwirtschaft Hanneslabauer (am Hotel »Das Graseck« rechts haltend) oder in der Kaiserschmarrn-Alm (links haltend) eine Pause einlegen können.

Anschließend folgen wir links der Beschilderung Richtung Partnachklamm. Nach den letzten Häusern von Graseck steigen wir auf einem schmalen Pfad steil zur Partnach hinunter und erreichen nach rechts das obere Ende der Schlucht. Seit über 100 Jahren ist die **Partnachklamm** nun für Touristen erschlossen, der Weg wurde aufwendig in die Felsen geschlagen und führt über gut gesicherte Stege und Brücken. An ein paar Stellen müssen wir den Kopf einziehen, Felsvorsprünge und einige Tunnel sind recht niedrig. Der ständig notwendige Unterhalt der Wege wird durch den »Wegzoll« finanziert, der am Ende der Klamm zu entrichten ist.

Nach Verlassen der Klamm wandern wir noch gut 30 Minuten auf der Zufahrtsstraße entlang bis zurück zu unserem Ausgangspunkt beim **Olympia-Skistadion Garmisch-Partenkirchen**.

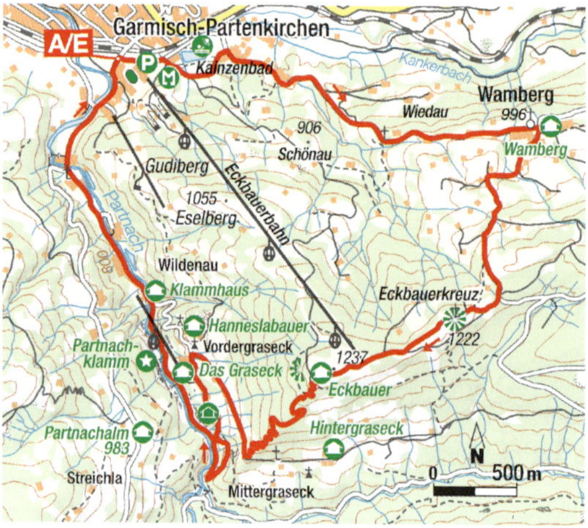

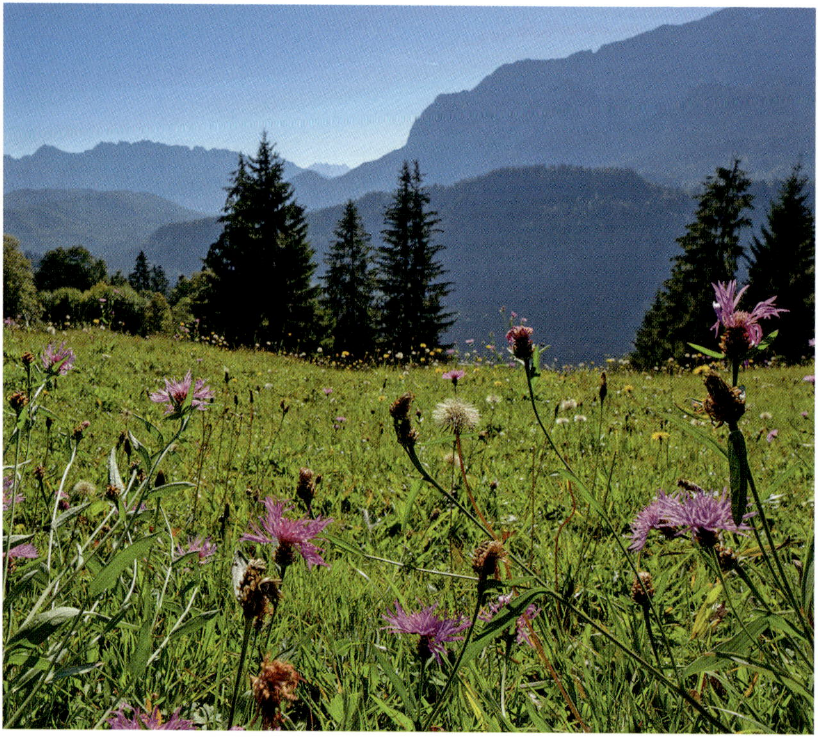

Almwiesen und Wettersteingebirge

Auf einen Blick

AUSGANGS-/ENDPUNKT

Olympia-Skistadion Garmisch-Partenkirchen
GPS: 47.482370, 11.117681

ANFAHRT

ÖPNV: Mit der Bahn nach Garmisch-Partenkirchen und weiter mit dem Ortsbus zum Olympia-Skistadion
Auto: A 95 und B 2 Richtung Mittenwald bis Garmisch-Partenkirchen und kurz vor dem Ortsende rechts zum Olympia-Skistadion bzw. zur Eckbauernbahn in der Auenstraße (großer Parkplatz)

GEHZEIT UND SCHWIERIGKEIT

Mittelschwere, technisch aber einfache und etwas steilere Wanderung auf breiten Wegen und einer kaum genutzten Fahrstraße (3.45 Std., 11,5 km, 550 Hm). Bei Auffahrt mit der Eckbauerbahn können wir uns die erste Wegetappe sparen. Der Abstieg auf Bergwegen ist ebenfalls relativ steil. Für die Klamm (Gebühr) benötigt man auch im Sommer eine Jacke!

EINKEHR

Zahlreiche Einkehrmöglichkeiten während der Tour: Gasthof Wamberg (berggasthof-wamberg.de), Gasthof Eckbauer (eckbauer.de), Hanneslabauer und Kaiserschmarrn-Alm (kaiserschmarrn-alm.de)

NOCH WICHTIG

Im Winter, wenn die Felswände von Eiskristallen und Eiszapfen bedeckt sind, können wir ebenfalls durch die Partnachklamm wandern: eine verzauberte Reise ins Märchenland einer Eiskönigin – absolut sehenswert! Nur bei Tauwetter wird die Klamm wegen Eisbruchgefahr geschlossen.

INFORMATION

gapa.de

8

Auf den Kranzberg bei Mittenwald

GIPFELERLEBNIS, BARFUSSPFAD UND BADEVERGNÜGEN

Rund um Mittenwald gruppieren sich die imposanten Felswände von Karwendel und Wetterstein – alles hohe und anstrengende Ziele. Aber da gibt es ja zum Glück noch den Kranzberg, der vielleicht eher einem Hügel gleicht, aber Achtung: Der Kranzberg glänzt als Aussichtsparadeberg – ein echter Glücksfall!

Wir verlassen den **Mittenwalder Bahnhof** und überqueren, uns rechts haltend, den Bahnhofsvorplatz (mit seiner interessanten Brunnenskulptur »Helix«) in die Bahnhofstraße, die uns zur Hochstraße bringt. Wir passieren das nördliche Ende der Marktstraße, gehen jedoch geradeaus und laufen an der schön bemalten St.-Peter-und-Paul-Kirche vorbei. Nach der Matthias-Klotz-Straße halten wir uns links-rechts in den Ortsteil Gries. Vorbei an einigen Geigenbau-Handwerksbetrieben biegen wir an der Silberschmiede-Werkstatt für wenige Meter nach links, um gleich darauf rechts in die Kranzbergstraße abzudrehen. Wo diese sich teilt, halten wir uns links in den Schillerweg und steigen nun, vorbei an einer Kreuzigungsgruppe, einige Stufen aufwärts. Dann gehen wir rechts über den Parkplatz zur **Talstation des Kranzberglifts**. Wer nun an seiner Kondition zweifelt, darf sich nicht scheuen, sondern nimmt lieber das Angebot zur bequemen Bergauffahrt mit dem nostalgischen Kranzberglift an – es erspart 300 Höhenmeter Aufstieg und etwa eine Stunde Gehzeit.

Ansonsten folgen wir unterhalb der Lifttrasse dem Wanderweg bergauf, er ist perfekt zum Kranzberg beschildert. Aber Achtung: Die Strecke, auf der

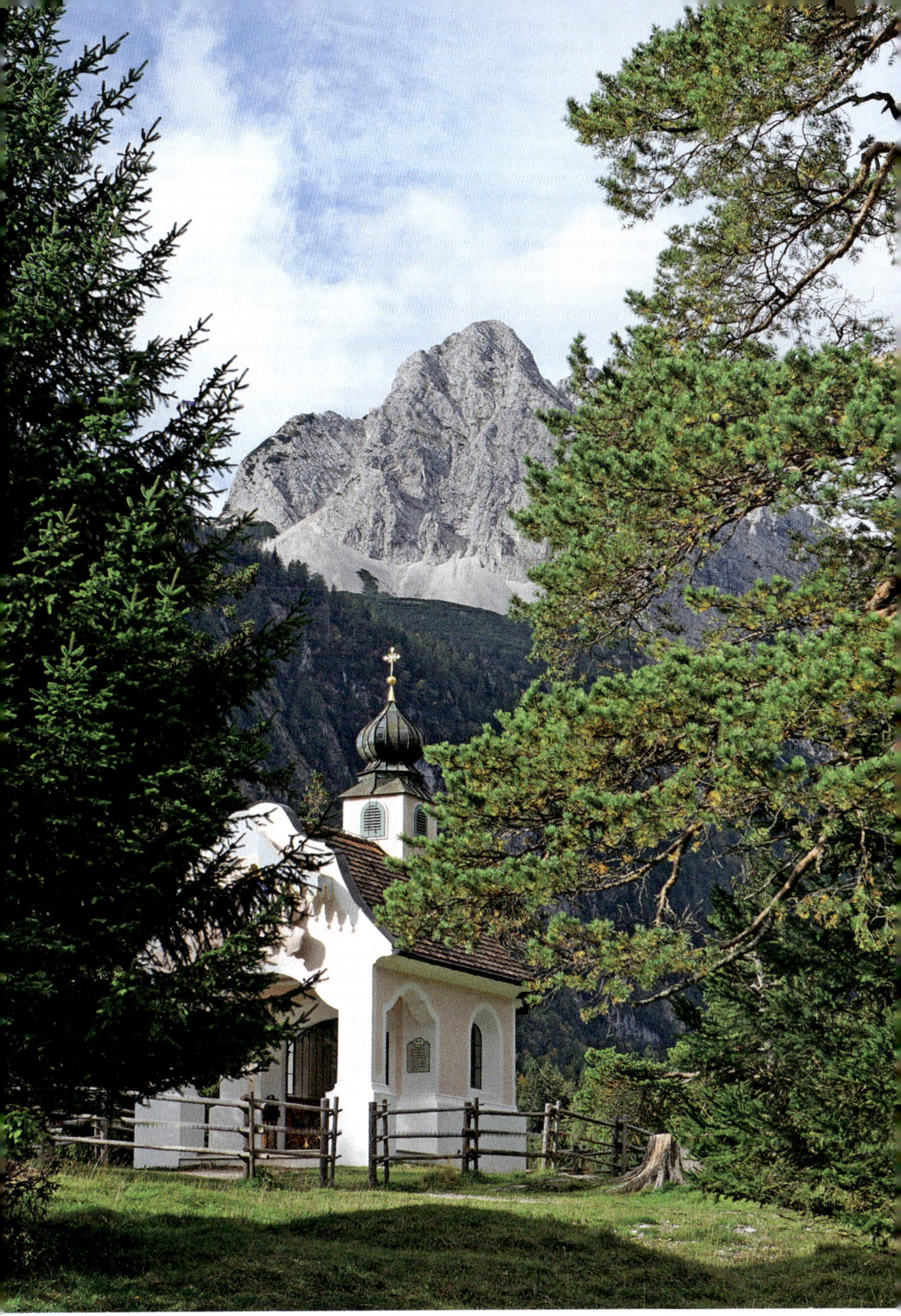

Kapelle Maria Königin am Kranzberg

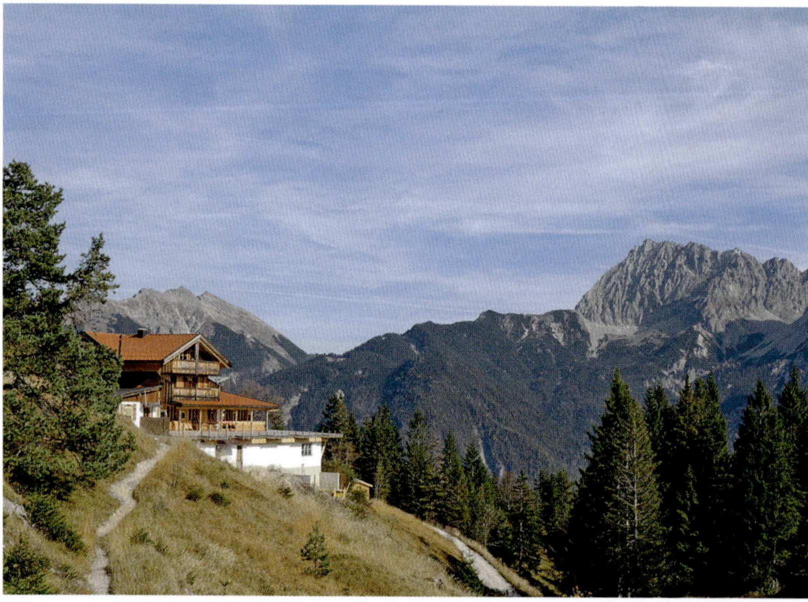

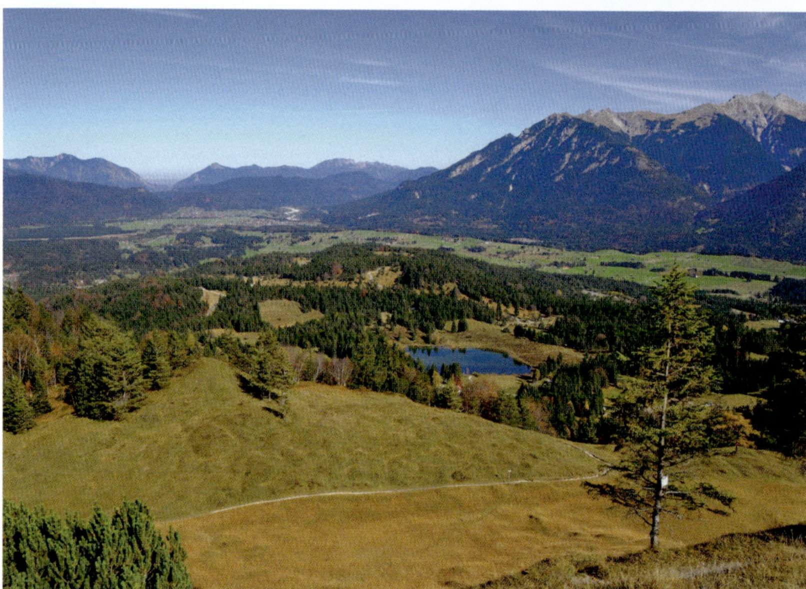

▲ Ehemaliges Kranzberghaus
▼ Aussicht vom Gipfel über das Isartal mit Wildensee

die Mountaincarts abfahren, ist für uns tabu! Wir queren die größere Fahrstraße und können immer wieder auf einen schmalen, aber steil ansteigenden Wanderweg ausweichen, der parallel zum Sessellift verläuft. So dauert es gerade einmal eine knappe Stunde, dann haben auch wir die **Bergstation des Kranzberglifts** (1220 m) erreicht. Dort halten wir uns links und folgen der Beschilderung Richtung Kranzberg. Nach wenigen Schritten sind wir am Berggasthof St. Anton angekommen.

Wer nicht einkehren möchte, lässt das Gebäude links liegen und geht auf der ansteigenden Almstraße weiter bergauf. Ab und an dürfen wir uns dabei umdrehen, um die herrliche Aussicht zu bewundern. Dann sehen wir schon das **Kranzberghaus** – es hat leider seit einigen Jahren nicht mehr geöffnet. Deshalb steigen wir dahinter noch die wenigen Meter hinauf zum eigentlichen **Kranzberggipfel** (1391 m), auf dem einige Ruheliegen auf uns warten, alle aussichtsreich auf das Karwendel hin ausgerichtet. Zudem gibt es eine kleine Holzhütte – sehr angenehm, wenn der Wind pfeift und wir ein windgeschütztes Plätzchen für unser Picknick finden wollen.

Nach der Pause steigen wir wieder zum ehemaligen **Kranzberghaus** hinunter, wo wir einen Wegweiser finden, der uns rechts am Haus vorbei Richtung Ferchensee schickt. Durch lichten Mischwald geht es talwärts, der Weg führt zum Teil über Holzbohlen, teils über offenliegendes Wurzelwerk. Wenn es zuvor geregnet hat, ist hier durchaus etwas Vorsicht geboten. Wir erreichen die Kehre einer breiten Forststraße, unterhalb derer unser Weg wieder in den Wald eintritt. Die Ferchenseewände direkt gegenüber schauen recht gefährlich aus, dennoch führte durch sie einst ein beliebter Schmugglerweg, mit dem die »Schwärzer« die bewachte Straße unten an der Isar umgehen konnten.

Bei einer Wegverzweigung halten wir uns geradeaus (links könnten wir die Wanderung auf direktem Weg zum Lautersee abkürzen) und erreichen in einem großen Bogen den schönen **Ferchensee**. Im Sommer kann man hier baden und im Gasthaus Ferchensee einkehren. Wir nehmen den Wanderweg, der an seinem Südufer entlangführt, und wandern zum nächsten See. Dabei überqueren wir noch einmal die Fahrstraße, passieren eine kleine Kapelle und sind so schnell am **Lautersee**. Von seiner Südwestseite hat man den schönsten Blick über das Wasser, darin spiegeln sich die Felswände des Karwendels.

Am See halten wir uns links, wandern am Freibad vorbei und treffen auf eine zweite Kapelle: Im Inneren bevölkern männliche und weibliche Engel ihren

Himmel, auf die Decke sind alle wichtigen Bauernheiligen gemalt. Noch ein Stück geht es nun weiter in Wanderrichtung, dann wählen wir den rechten Weg ins **Laintal**. Zunächst wandern wir relativ flach dahin, bis es immer steiler durch die Schlucht geht. An ihrer engsten Stelle hat man eine **Mariengrotte** gebaut zum Gedenken an die Gefallenen der Weltkriege. Über einige Stufen erreichen wir direkt am **Ende der Lainbachschlucht** die ersten Häuser von Mittenwald. Wir nutzen den Mittenwalder Kirchturm als Orientierung und kommen damit zur Marktstraße in der Ortsmitte. Hoffentlich ist jetzt noch genügend Zeit, für eine Einkehr oder um die mit Lüftlmalereien verzierten Häuser zu bewundern. Ansonsten spazieren wir auf dem bekannten Hinweg zurück zum **Bahnhof Mittenwald**.

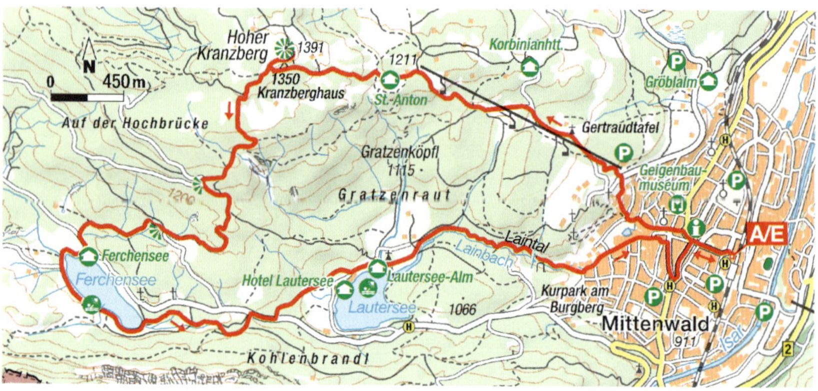

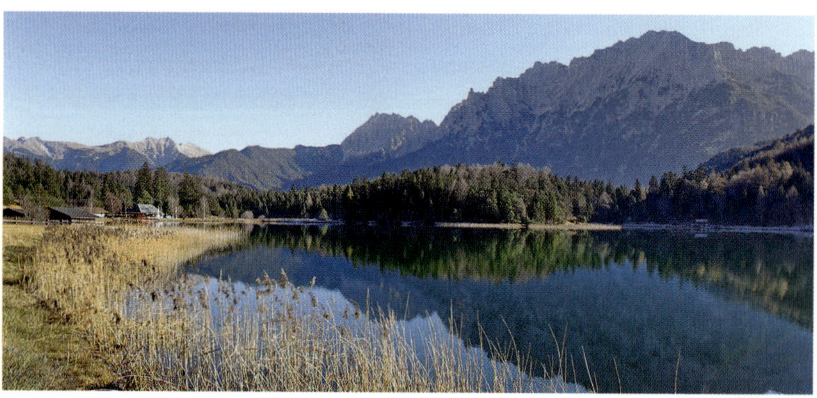

Im Lautersee spiegelt sich das Karwendel.

Auf einen Blick

AUSGANGS-/ENDPUNKT

Bahnhof Mittenwald
GPS: 47.44009, 11.26522

ANFAHRT

ÖPNV: Mit der Bahn oder dem Bus nach Mittenwald
Auto: A 95 und B 2 bis Garmisch-Partenkirchen und weiter nach Mittenwald; ausreichend Parkplätze rund um den Bahnhof

GEHZEIT UND SCHWIERIGKEIT

Technisch einfache, aber doch längere Wanderung auf breiten Wegen, Pfaden und Forststraßen zum Mittenwalder Hausberg (3.45 Std., 12,5 km, 600 Hm)

EINKEHR

Für die Gipfelrast Brotzeit einpacken. Unterwegs Gasthof Ferchensee (ferchensee.eu), im Anschluss viele Möglichkeiten in Mittenwald

NOCH WICHTIG

Der Kranzberg bietet noch weitere Freizeitmöglichkeiten, vor allem während der Sommermonate. Ab dem Berggasthof St. Anton gibt es einen herrlichen Barfußpfad – die Rundtour ist nicht lang und mit einigen Mitmach-Stationen gespickt. Am Abstiegsweg liegen zwei Bergseen, in denen man im Sommer baden kann. Sehr viel Spaß macht auch die Abfahrt mit den Mountaincarts: Dafür wandert man vom Gipfel zur Bergstation des Kranzberglifts zurück und leiht sich gegen Gebühr einen der dreirädrigen Downhill-Flitzer aus – ein sehr rasantes, aber witziges Vergnügen!

INFORMATION

markt-mittenwald.de

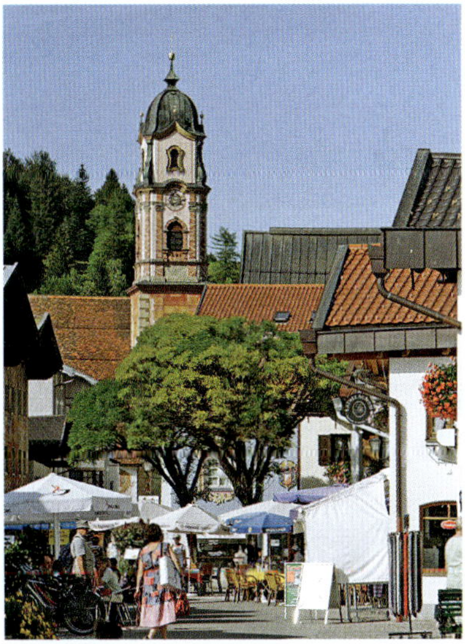

Im Anschluss an die Bergtour flanieren wir durch Mittenwald.

9

Auf den Herzogstand

GIPFELPAVILLON ÜBER KOCHEL- UND WALCHENSEE

Auf einsamen Pfaden führt die Bergtour über die Südflanke des Fahrenbergs unter der Seilbahn hinauf zum Herzogstandhaus. Von dort geht es zum Gipfelpavillon, der wegen seiner fantastischen Aussicht auf das Alpenvorland und auf Walchen- und Kochelsee bekannt ist.

Eigentlich besteht der Herzogstand aus mehreren Gipfeln: Dazu zählen der Fahrenberg, auf dem die Herzogstandbahn endet, und es gibt den felsigen Martinskopf, der gut 100 Höhenmeter niedriger ist als der Herzogstandgipfel und näher am Herzogstandhaus liegt. Er ist eine perfekte Gipfelalternative, vor allem, wenn es hier oben wieder einmal sehr voll ist. Über all dem wacht der Herzogstand selbst, der wiederum zwei Gipfel aufweist: Das Gipfelkreuz steht etwas unterhalb des höchsten Punkts am Ende einer der Aufstiegskehren, während der eigentliche Gipfel von einem Pavillon gekrönt ist.

Wir beginnen die Wanderung bei der **Talstation der Herzogstandbahn**, indem wir der Seilbahn zunächst den Rücken zuwenden. Wir queren den Parkplatz in Richtung Walchensee, wo bei der großen Autostraße (links haltend) direkt in der Kurve der bestens ausgeschilderte Aufstieg zum Herzogstand beginnt. Es geht sogleich sehr steil zur Sache, und zum Glück wandern wir im schattigen Wald bergauf. Bald zeigt sich der Wanderweg wieder etwas gnädiger und wird flacher. In vielen Zickzack-Kehren steigen wir über die Südseite hinauf, unterqueren dabei einmal die Seilbahn und merken deutlich, dass der Pfad uns nun weit nach Westen hinüberführt.

Dann beginnt an einer kleinen **Schlucht mit Wasserfall** der etwas ausgesetztere Wegabschnitt. Neben uns fällt der Hang teilweise sehr steil ab – zur

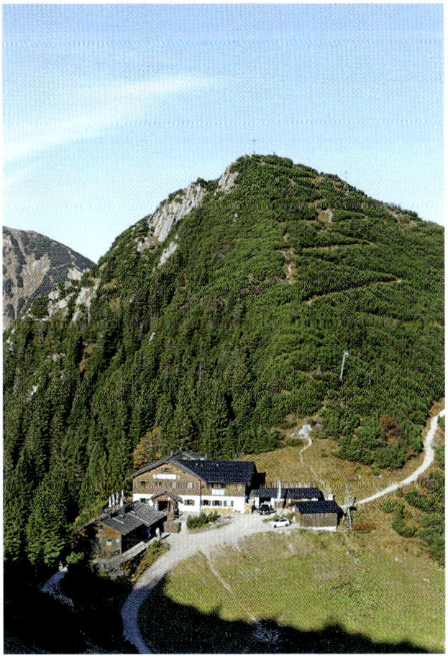

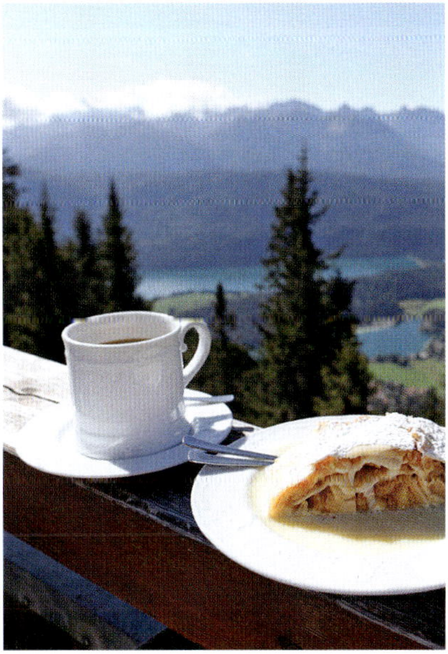

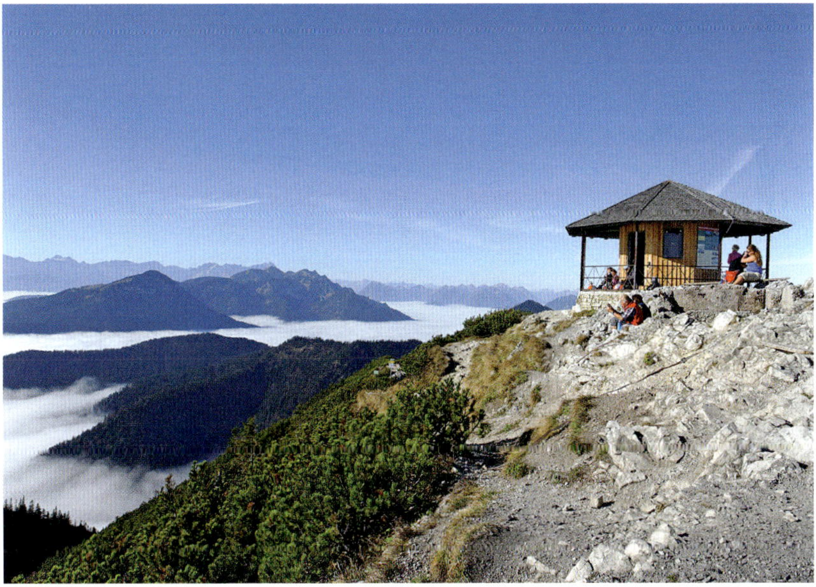

◂ Hinter dem Herzogstandhaus liegt der Martinskopf.
▸ Wie magst du deinen Kaffee? Mit Bergblick!
▾ Statt Gipfelkreuz krönt ein Pavillon den Herzogstand.

Sicherheit gibt es an einigen Stellen Drahtseile, sodass wir diese Hürde schaffen. Der Wald ist nun lichter und lässt viel Sonne hindurch. Immer weiter geht es auf dem Pfad in Kehren nach oben. Da es keine abzweigenden Wanderwege gibt, können wir uns nicht verlaufen und erreichen schließlich nach gut zwei Stunden das **Herzogstandhaus** (1575 m).

Ab hier ist es nun vorbei mit der Ruhe – jetzt müssen wir nur den vielen anderen Bergsteigern folgen, die ohne große Anstrengung von der Gondel hierher gegangen sind. Vom Herzogstandhaus wandern wir auf dem breiten Weg weiter, der uns am Fuß des Martinskopfs entlangführt. Dann beginnt das große Latschenfeld, mit dem fast der ganze Gipfelbereich bedeckt ist. Im Zickzack steigen wir auf dem Weg bergan, bis wir in der letzten Linkskurve – etwas abseits stehend – das **Gipfelkreuz des Herzogstands** erreichen, von dem wir die unbeschreiblich schöne Aussicht zum ersten Mal genießen dürfen. Wenige Minuten später sind wir dann am höchsten Punkt der Wanderung angekommen und stehen am kleinen **Gipfelpavillon** auf 1731 Metern Höhe.

Nach der ausgiebigen Rast und dem Genuss des sensationellen Panoramas steigen wir auf demselben Weg bis zum **Herzogstandhaus** hinab, wo eine wohltuende Einkehr lockt, ehe wir knieschonend mit der Gondelbahn ins Tal schweben. Dafür müssen wir uns nur nach dem Herzogstandhaus rechts halten und fast eben auf einem Panoramaweg zur **Bergstation** hinüberspazieren. Alternativ wandern wir geradeaus und steigen die wenigen Minuten durch Latschenfelder hinauf zur kleinen Kapelle, die den Gipfel des Fahrenbergkopfs markiert. Von dort geht es dann wenige Höhenmeter hinab zur Bergstation.

Natürlich kann man auf demselben Weg wie beim Aufstieg zurückkehren. Für alle, die mit öffentlichen Verkehrsmitteln angereist sind, ist der Abstieg über den Reitweg hinunter nach Urfeld interessant (s. »Auf einen Blick«).

Auch interessant

Die bayerischen Herzöge gaben dem Berg seinen Namen, und König Max II. von Bayern ließ sich im Bergsattel unter dem Fahrenberg ein Jagdhaus erbauen. Dabei entstand auch der Reitweg. Sein Sohn, König Ludwig II., ließ sich daneben ein eigenes Königshaus errichten, das er regelmäßig besuchte, welches aber 1990 abbrannte. Es wurde von seinen Besitzern wieder neu aufgebaut und ist seither ein beliebtes Ausflugsziel.

Auf einen Blick

AUSGANGS-/ENDPUNKT

Talstation der Herzogstandbahn, Walchensee
GPS: 47.596123, 11.316412

ANFAHRT

ÖPNV: Mit dem Zug nach Kochel und weiter mit dem Bus zur Talstation
Auto: A 95 bis Ausfahrt Kochel und über Kochel und den Kesselberg hinauf zum Walchensee; Parkplatz an der Bergbahn

GEHZEIT UND SCHWIERIGKEIT

Mittelschwere Wanderung, für die man Kondition benötigt, auch wenn man sich die Abfahrt mit der Herzogstandbahn gönnt (3.30 Std., 7,5 km, 950 Hm bergauf, 120 Hm bergab). Der Aufstieg zum Herzogstandhaus erfolgt auf einem schmalen Bergpfad, für den man trittsicher sein muss. Ein paar kurze Stellen erfordern auch Schwindelfreiheit. Der Weg zum Gipfel ist weniger schwierig.

EINKEHR

Unbedingt genügend zum Trinken für den Aufstieg mitnehmen – erst am Herzogstandhaus gibt es Nachschub (berggasthaus-herzogstand.de)!

NOCH WICHTIG

Einfacher, kürzer und bequemer steigt man von der Passhöhe des Kesselbergs bei Urfeld auf den Herzogstand. Der Reitweg (an dieser Stelle identisch mit dem Maximiliansweg) ist ein breit angelegter Wanderweg ohne schwierige Passagen: Durch einen Talkessel erreicht man das Herzogstandhaus und von dort den Gipfel. Wer beim Abstieg die Herzogstandbahn nutzt, fährt ab Walchensee mit dem Bus zurück nach Urfeld.

INFORMATION

herzogstandbahn.de

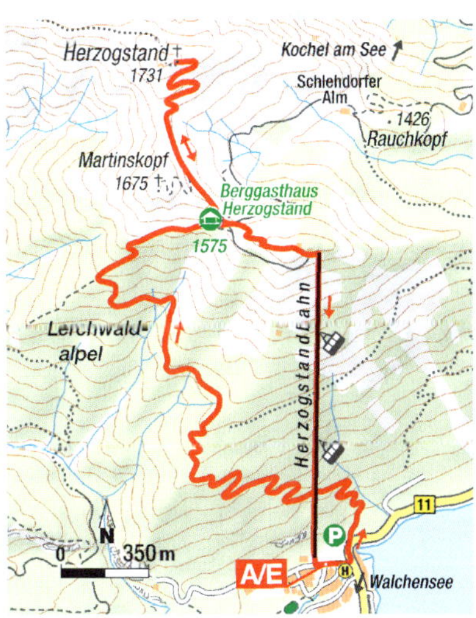

10

Vom Kesselberg auf den Jochberg

DER BERG FÜR SONNENAUFGÄNGE UND RUHETAGE

Der Jochberg zählt zu den großen Paradegipfeln der Münchner Hausberge, seine Aussicht sorgt für bleibende Erinnerungen. Um jedoch echten Wanderspaß mit etwas Ruhe zu erleben, muss man antizyklisch unterwegs sein, am besten zu Sonnenaufgang oder an einem Montag, am Ruhetag der Jocheralm.

Von der **Passhöhe am Kesselberg** (858 m) steigen wir zunächst ein kurzes Stück entlang der Straße zum **Walchensee** hinunter (diejenigen, die einen Parkplatz in der Straßenkurve gefunden haben, müssen hingegen ein kleines Stück aufsteigen). Auf der östlichen Seite der B 11 beginnt dann der gut ausgeschilderte, zügig ansteigende Wanderweg zum Jochberg, der unseren Puls sogleich in Fahrt bringt. Viele Stufen sichern nicht nur den Weg vor Erosion, auch wir kommen sportlich voran. Zunächst hören wir noch den Verkehr auf der viel befahrenen Kesselbergstraße, dann wird es immer ruhiger, und wir genießen den lichten Bergwald. Als wir einen **Brunnen** passieren, haben wir die Hälfte des Aufstiegs schon geschafft.

Danach wird der Weg langsam steiniger, die Bäume weichen etwas zurück, und wir stehen an einer steil nach Norden abfallenden Felsflanke. Der Tiefblick mag bei dem einen oder anderen leichten Schwindel verursachen, aber die Aussicht entschädigt für alle Mühen: Unter uns liegt der Kochelsee, dahinter erstreckt sich das Loisachmoor, und weiter am Horizont sehen wir sogar den Riegsee und den Staffelsee. Genau an dieser Nordkante entlang

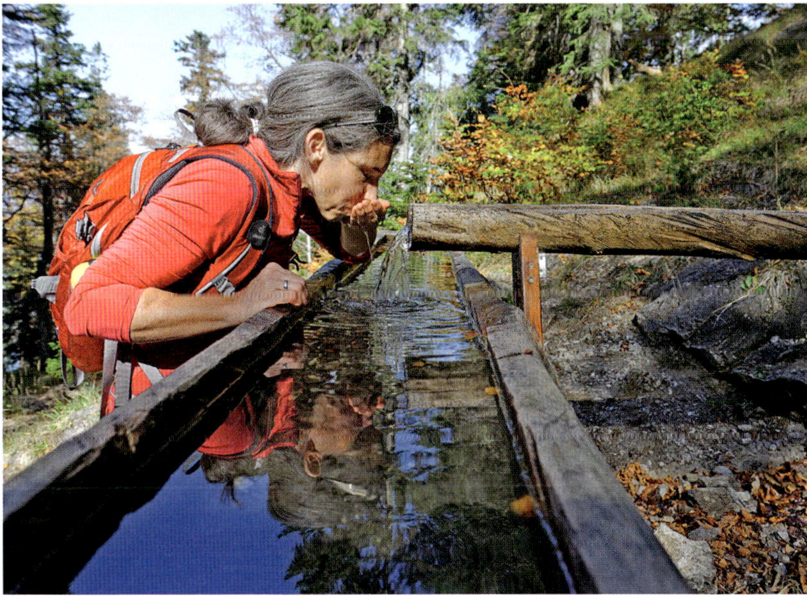

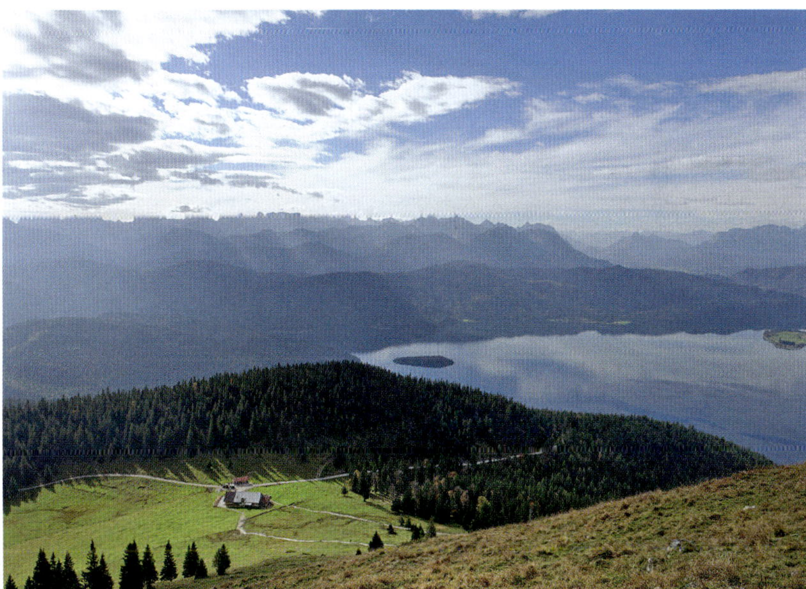

▲ Das Brunnenwasser ist nicht nach Trinkwassernorm geprüft, aber es schmeckt!
▼ Im Tal liegt der Walchensee mit der Insel Sassau.

führt unser Weg weiter in Richtung Gipfel. Aber keine Angst, der Weg hält genug Abstand zum Abgrund!

Schließlich verlassen wir den Wald und halten uns links weiter aufwärts bis zum Gipfel des **Jochbergs** (1565 m), wo wir uns ein schönes Rastplätzchen suchen, alle viere ausstrecken und das Wandern erst einmal gut sein lassen. So viel Panorama muss wirklich genossen werden: Wie flüssiger Himmel glitzert der Walchensee im Süden, und dahinter erheben sich alle Berge von Rang und Namen im Karwendel – besser geht es kaum! Da heißt es: ausgiebig rasten und genießen.

Haben wir uns genug ausgeruht und am Panorama sattgesehen, steigen wir zunächst ein Stück auf demselben Weg zurück, den wir gekommen sind. Dann geht es links zur, in einem Wiesenkessel stehenden, **Jocheralm** (1381 m), die sich für eine Einkehr lohnt. Hier können wir uns entscheiden, ob wir einen kleinen Umweg gehen möchten und zunächst über den breiten Weg zum Walchensee-Nordufer absteigen, um dann am Uferweg bis Urfeld zurückzumarschieren. Der schnellere Abstiegsweg beginnt allerdings auf der Rückseite der Jocheralm und führt uns in den Wald hinein, bis wir unweit des **Brunnens** wieder auf unseren Hinweg stoßen. So sind wir schnell zurück beim Ausgangspunkt an der **Passhöhe** und können den Rest des Tages noch badend im Kochel- oder Walchensee verbringen.

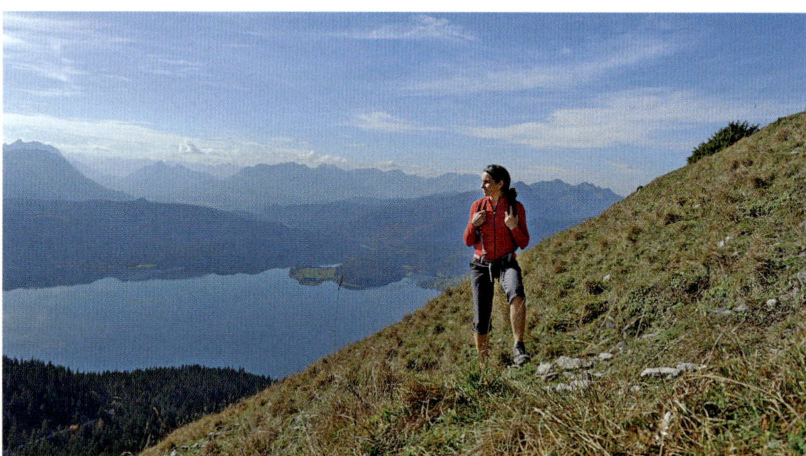

Nicht immer ist es so einsam am Jochberg wie auf diesem Foto.

Auf einen Blick

AUSGANGS-/ENDPUNKT

Passhöhe am Kesselberg zwischen Kochel- und Walchensee
GPS: 47.621750, 11.349193

ANFAHRT

ÖPNV: Mit der Regionalbahn nach Kochel und weiter mit Bus 9608 bis Haltestelle Passhöhe
Auto: Über die A 95 bis Ausfahrt Murnau/Kochel, nach Kochel am See und weiter auf der B 11 durch den Ort, am See entlang und die Kesselberg straße hinauf. Kurz vor dem Sattel gibt es einige Parkplätze sowie in den zwei Kurven, die vom Pass zum Walchensee hinunterführen.

GEHZEIT UND SCHWIERIGKEIT

Der mittelschwere Weg führt über gut beschilderte Bergpfade ohne technische Schwierigkeiten zum Gipfel (3.30 Std., 6,5 km, 700 Hm). Der anfangs steile Anstieg liegt glücklicherweise im Schatten. Der Rückweg kann über das Walchensee-Nordufer verlängert werden (dann insgesamt 4 Std., 9 km).

EINKEHR

Die Jocheralm (jocheralm.de, Mo Ruhetag) wird von Mitte Mai bis Oktober bewirtschaftet.

NOCH WICHTIG

Eine der wichtigsten Verbindungsstraßen von München nach Italien führt seit dem Mittelalter durch Kochel hindurch – der Ort war die letzte Station vor der damals gefährlichen Kesselbergstraße zum höher gelegen Walchensee und weiter bis Mittenwald. Die alte Passstraße gibt es übrigens immer noch, sie wird heute von Mountainbikefahrern und Wanderern benutzt.

INFORMATION

kochel.de

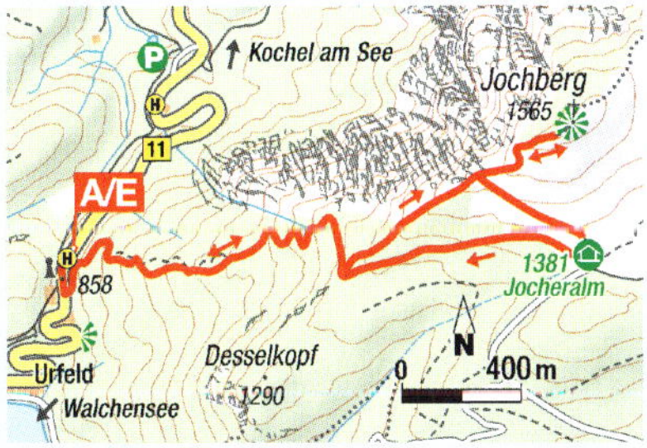

11

Auf den Hirschhörnlkopf

WOHLVERDIENTE LUXUSAUSSICHT ÜBER DER JACHENAU

Der Gipfel des Hirschhörnlkopfs bietet eine Aussicht, wie man sie sich nach einem anstrengenden Aufstieg wünscht: Rundum blickt man auf die Berge des Tölzer Lands und auf viele Seen im Tal. Nur eine Einkehrmöglichkeit fehlt zum vollkommenen Glück – doch das lässt sich bei dieser schönen Tour leicht verschmerzen.

Vom Wanderparkplatz am **Schützenhaus in der Jachenau** folgen wir der für den Autoverkehr gesperrten Straße, die sogleich die Kleine Laine quert. Die ersten Wanderminuten führen sehr gemütlich eben am Wasser entlang, und bald sehen wir vor uns den baumfreien Hirschhörnlkopf, den wir heute bezwingen wollen. Wo der Weg sich gabelt, folgen wir rechts der Beschilderung Richtung Hirschhörnlkopf auf der nun leicht ansteigenden Forststraße. Doch zu früh gefreut: Kurz darauf halten wir uns an einer Wiese bei der Wegkreuzung links, und schon geht es steiler bergauf. Immer noch sind wir auf einem breiten Weg unterwegs. Wo er dann schlussendlich endet, weist uns ein Schild erneut nach rechts, diesmal auf einen schmalen Bergpfad.

Jetzt wird's zackig – bis zur Pfundalm werden wir ganz schön ins Schwitzen kommen. Der Weg ist nicht gefährlich, führt jedoch in vielen Zicks und Zacks, oft über Felsen und Wurzeln, durch den Wald aufwärts. Er gönnt uns eigentlich auf der gesamten Strecke keine wirkliche Verschnaufpause, versöhnt uns jedoch mit jedem gewonnenen Höhenmeter durch die wunderbaren Ausblicke auf das Karwendel, und wer Glück hat, kann hier auch Feuersalamander entdecken.

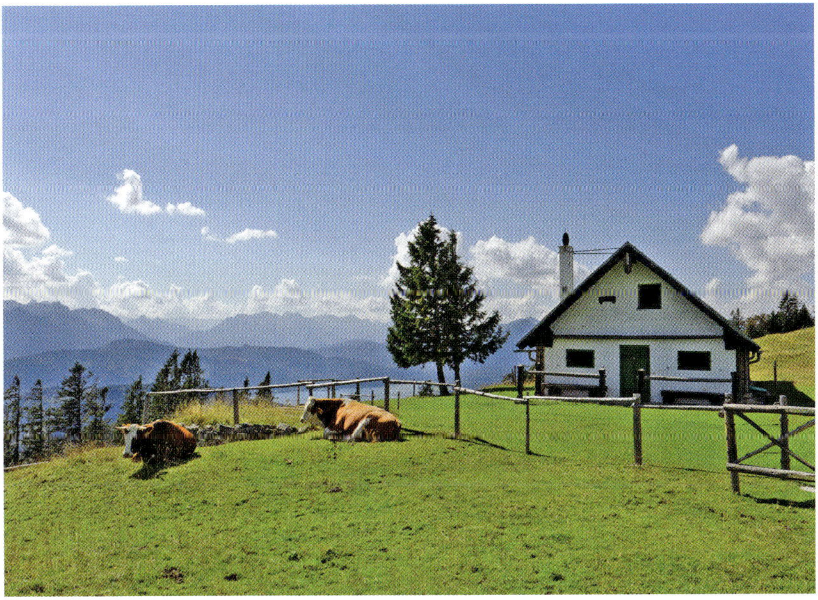

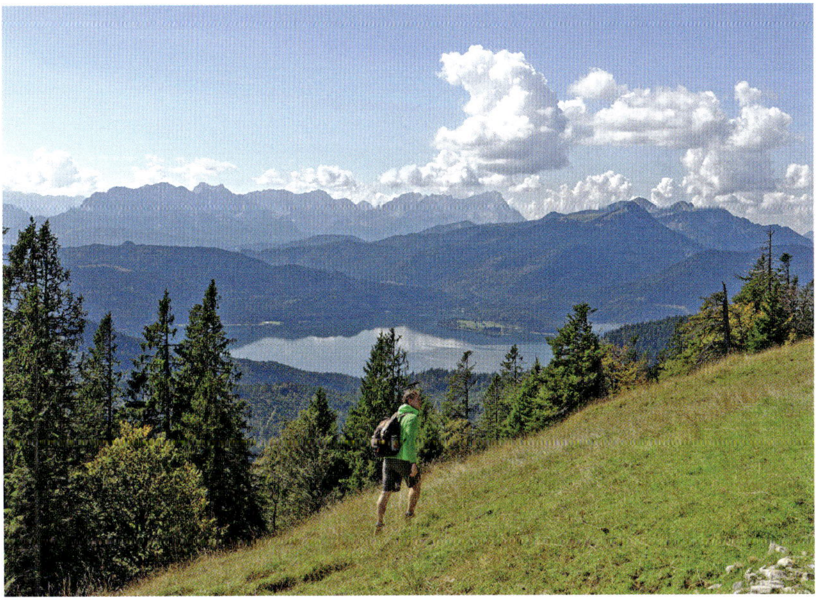

▲ Die Pfundalm ist privat und nicht bewirtschaftet.
▼ Kaum verlassen wir den Wald, freuen wir uns über die Aussicht.

Schließlich passieren wir ein **Marienbild** und genießen kurz darauf den ersten Blick auf den Walchensee. Nun ist es nicht mehr weit, und dann hat die Plagerei ein Ende. Am Hang über unseren Köpfen blinzelt schon das Blau des Himmels zwischen den Bäumen hervor. Schließlich treten wir an einer Almwiese aus dem Wald und können nun fast eben bis zur **Pfundalm** (auch Bärenhauptalm, 1400 m) wandern. Direkt an der südlichen Hausmauer der privaten Alm gibt es ein aussichtsreiches Rastbankerl, auf dem wir zunächst unseren Puls wieder auf Normalniveau senken, bevor wir als großes Finale den Gipfel erklimmen: Vom Bankerl sind es nur noch 20 Minuten auf dem deutlich sichtbaren Bergpfad bis zum Gipfelkreuz auf dem **Hirschhörnlkopf** (1514 m) – wobei man meist etwas länger braucht, denn die herrliche Aussicht muss ja genügend gewürdigt und fotografiert werden.

Oben angekommen, suchen wir uns rund um den Gipfel einen Brotzeitplatz. Je nach Vorliebe und Blickrichtung genießt man nun die Sicht über den Starnberger See und das Alpenvorland, über den Walchensee auf das Karwendel oder zum Brauneck und auf die Berge in östlicher Richtung. Zudem scheinen die angrenzenden kleineren Gipfel des Jochbergs und des Rabenkopfs zum Greifen nah.

Es fällt schwer, sich von der schönen Aussicht loszureißen, aber bevor es dunkel wird, müssen wir zumindest wieder auf dem breiten Weg unten im Tal angekommen sein. So wandern wir auf demselben Weg zurück und merken bald, dass wir uns auch beim Bergabsteigen auf dem schmalen Pfad konzentrieren müssen. Es geht aber deutlich schneller als beim Aufstieg, und so kommen wir sicher zurück in die **Jachenau** zu unserem Ausgangspunkt.

Auch interessant

Besiedelt wurde die Jachenau vor 1000 Jahren, aber nicht aus dem Tal der Isar bei Lenggries, sondern von Benediktbeuern aus. Der Verbindungsweg führt von Kochel über die Jocheralm an der Kleinen Laine entlang in die Jachenau. Das Gebiet um die Jachenmündung in die Isar war viel zu sumpfig für einen Wegebau. Die Jachen, die vom Walchensee her durch das Tal fließt, war nicht immer so zahm, wie sie heute ist, das besagt schon ihr Name (»wilder, ungestümer Bach«). Sogar die Dorfkirche der Jachenau ist dem Hl. Nikolaus geweiht, der als Schutzpatron für Wassergefahren gilt.

Auf einen Blick

AUSGANGS-/ENDPUNKT

Wanderparkplatz am Schützenhaus in der Jachenau
GPS. 47.606287, 11.432891

ANFAHRT

ÖPNV: Von München mit der BRB nach Lenggries, von dort weiter mit Bus 9595 in die Jachenau
Auto: Von München über Autobahn und Bundesstraße nach Bad Tölz, weiter auf der B 13 nach Lenggries, dort rechts in die Jachenau und bis zum Talende ins Dorf Jachenau, dort in der Linkskurve rechts abbiegen zum Wanderparkplatz am Schützenhaus

GEHZEIT UND SCHWIERIGKEIT

Mittelschwere, etwas längere und anstrengende Wanderung, die über die ersten Zweidrittel der Strecke relativ steil bergauf führt – bitte Verschnaufpausen zusätzlich mit einrechnen (4 Std., 11 km, 750 Hm). Ab der Pfundalm ist der Weg zum Gipfel dann unkompliziert. Viel Sonne! Der Rückweg verläuft auf dem Hinweg.

EINKEHR

Unterwegs keine. Im Anschluss mehrere Möglichkeiten in der Jachenau, z. B. Gasthof Jachenau (gasthof-jachenau.de) oder das Schützenhaus (jachenauer-schuetzenhaus.de). Auf dem Weg Richtung Lenggries gibt es das nette Café Beim Dannerer im Ortsteil Tannern in der Jachenau.

INFORMATION

jachenau.de

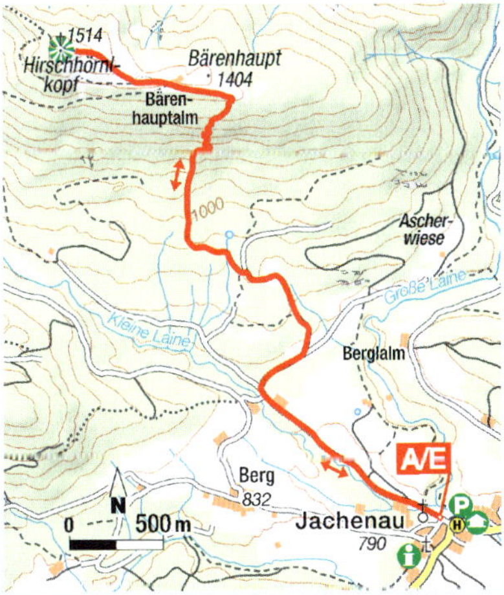

12

Zum Staffel über der Jachenau

DURCH SCHATTIGEN BERGWALD ZUM RUNDUMBLICK

Am sonst durchweg bewaldeten Staffel ist nur der Gipfelbereich frei von Bewuchs, was schöne Blicke bis weit ins Karwendel hinein erlaubt. Die fehlende Einkehrmöglichkeit macht eine mitgebrachte Brotzeit wett, und man ist dafür auch deutlich einsamer unterwegs als auf so manchem Nachbargipfel.

Am Parkplatz in **Bäcker** geht es auf der kleinen geteerten Straße links an der Zimmerei vorbei, dann folgen wir der Straße weiter in Kurven durch den Ortsteil **Niggeln**. Am Ortsende biegt der Weg in einer Linkskurve nach Osten ab und geht an einer Scheune nach links in einen Feldweg über. Der Staffel ist hier bereits ausgeschildert. Nur noch ein kurzes Stück wandern wir sonnig über Wiesen, dann erreichen wir den Wald, wo uns das Wegschild nach rechts weist. Jetzt beginnt unser Aufstieg über die Ostseite. Der Weg zieht zügig bergan, wir queren ein Bächlein und stoßen nach einigen Höhenmetern auf das Ende eines Wirtschaftswegs – hier geht es geradeaus weiter. Kurz darauf treffen wir noch einmal auf einen Forstweg und folgen ihm diesmal kurz nach rechts, bis links erneut ein Steig beginnt, der uns im Zickzack immer höher bringt und dabei noch einmal einen Bach quert.

Schließlich lichtet sich der Wald mehr und mehr, die Bäume geben nun den Blick Richtung Karwendel frei, und endlich treten wir an den beiden **Almhütten** unterhalb des Staffels hinaus in die Sonne. Jetzt haben wir die Gipfelhochfläche erreicht. Wir wandern zwischen den beiden Hütten durch

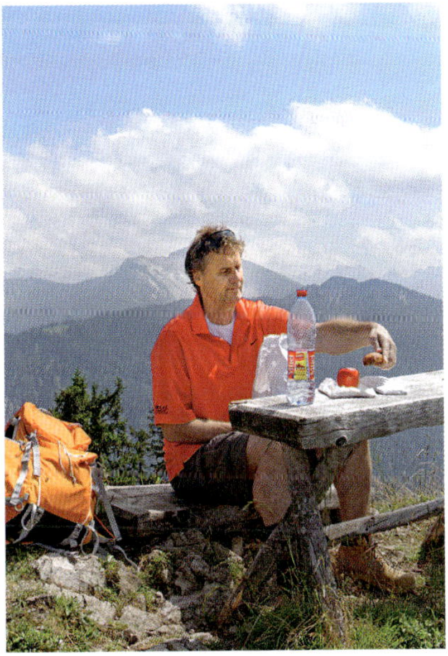

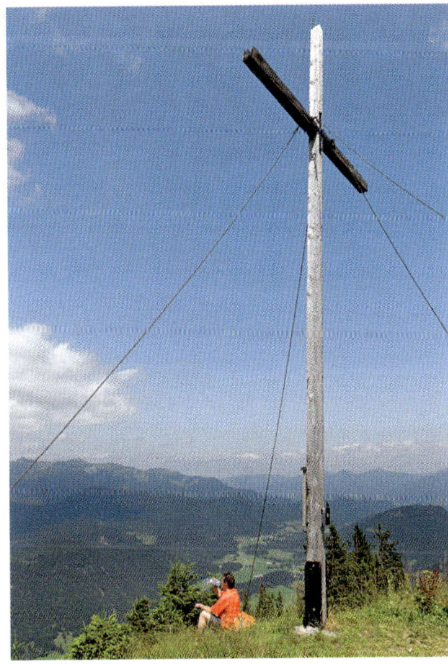

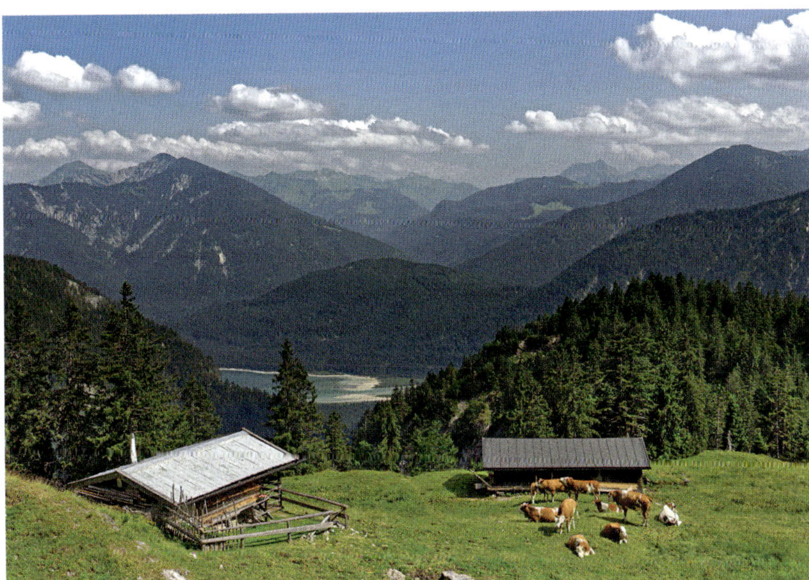

◀ Unterwegs gibt es eine Gipfelbrotzeit.
▶ Geschafft – am Gipfel!
▼ Blick auf den Staffelalm-Hochleger

und sehen, dass dahinter unser Rückweg nach links abzweigt. Zuvor wollen wir jedoch den **Staffelgipfel** (1532 m) erobern und steigen die letzten Höhenmeter über viele Serpentinen auf einer Wiesenschneise zum höchsten Punkt hinauf.

Nach der Gipfelrast wandern wir wieder hinunter zum Wegweiser oberhalb der **Almhütten** und biegen jetzt rechts ab, der Beschilderung »492/Jachenau« folgend. Zunächst nur leicht bergab umrunden wir nun den Gipfelaufbau nach Südwesten hin und genießen dabei die Almwiesen mit ihren weiten Aussichten. Dann erreichen wir wieder den Wald und verlieren nun zügig an Höhe: Abwärts geht es über Stufen, Wurzeln und Steine. Wie bei einer Schnitzeljagd folgen wir dabei den kleinen Wanderschildern »492«, die wir immer wieder an Bäumen entdecken. Der wunderschöne Mischwald entschädigt uns für den doch recht ruppigen Untergrund, auf dem wir bergab wandern. Auf unserem Weg treffen wir ein paarmal auf Forststraßen, die wir durch eine Querung abkürzen können. Irgendwann wird der Weg dann endlich flacher, und wir verlassen den Wald. Jetzt führt uns ein Feldweg zum **Bauernhof Achner**, an dem wir rechts einbiegen. Das letzte Stück Weg verläuft entlang der Jachen zurück zu unserem Ausgangspunkt in **Bäcker**.

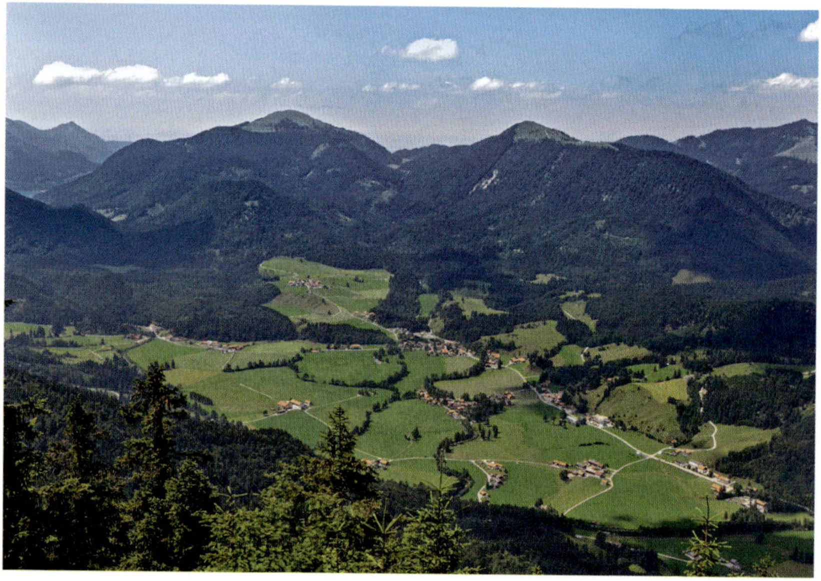

Grandiose Aussicht über die Jachenau

Auf einen Blick

AUSGANGS-/ENDPUNKT

Parkplatz Bäcker in der Jachenau
GPS: 47.602870, 11.467726

ANFAHRT

ÖPNV: Von München mit der BRB nach Lenggries, von dort weiter mit Bus 9595 in die Jachenau bis Haltestelle Bäcker
Auto: Von München über Autobahn und Bundesstraße nach Bad Tölz, weiter auf der B 13 nach Lenggries, rechts in die Jachenau und zur Ortschaft Bäcker und dort links über die Jachen zum ausgeschilderten Wanderparkplatz

GEHZEIT UND SCHWIERIGKEIT

Mittelschwere Bergwanderung, die größtenteils über steile, holprige Waldpfade führt und ein Minimum an Trittsicherheit und Schwindelfreiheit verlangt (4.15 Std., 10,5 km, 800 Hm). Als Rundweg ist die Tour mit Nr. 492 fast durchgehend markiert.

EINKEHR

Unterwegs keine, genügend Getränke mitnehmen. Im Anschluss kann man im Café am Staffel in Bäcker einkehren. Für alle, die mit dem Auto anreisen, empfiehlt sich auch das Café Beim Dannerer (am Weg nach Lenggries).

AUCH INTERESSANT

Die Aussicht vom Staffelgipfel ist wirklich wunderschön: Tief unter uns im lang gezogenen Tal liegen die vielen Jachenauer Bauernhäuser auf ihren Feldern, und eine Panoramatafel lässt uns alte Bekannte wiederfinden: Herzogstand (Tour 9), Jochberg (Tour 10) oder Hirschhörnlkopf (Tour 11). Im Süden blitzt das breit mäandernde Kiesbett der Isar herauf; kurz bevor sie sich in den Sylvensteinsee ergießt.

INFORMATION

lenggries.de

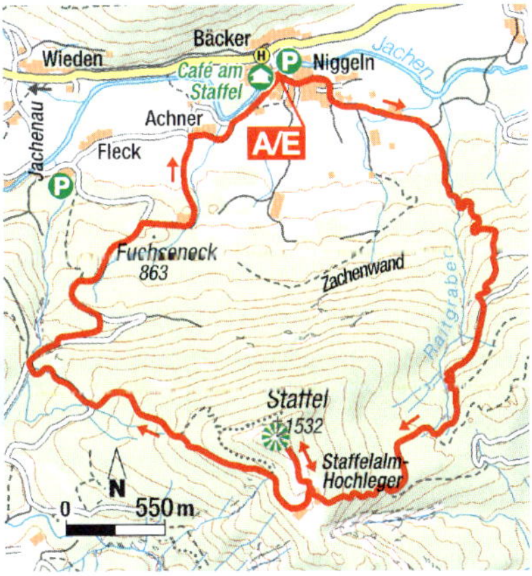

13

Auf den Geierstein

MIT KRAXELEINLAGE ZUM ISARTALER GIPFELGENUSS

Für den Geierstein gilt es, Brotzeit und Getränke einzupacken – dann steht einer grandiosen und nicht ganz so überlaufenen Bergtour oberhalb von Lenggries nichts mehr im Wege, und wir genießen hoch über dem Isartal einen Galablick auf das gegenüberliegende Karwendel.

Wir verlassen den **Lenggrieser Bahnhof** und folgen der Bahnhofstraße in östliche Richtung. Kurz darauf wendet sich die Straße nach rechts, wir bleiben jedoch geradeaus und gehen über den Rathausplatz, vorbei am Heimatmuseum, in die Geiersteinstraße. Leicht aufwärts erreichen wir so die Schule. An der T-Kreuzung geht es für uns rechts in die Goethestraße, und wir genießen den freien Blick über die Felder auf die Berge. Vor uns sehen wir bereits den Geierstein, aber auch den Seekarspitz und den Schönberg, und auf der anderen Seite des Tals erhebt sich das Brauneck. Nach wenigen Minuten folgen wir der Beschilderung Richtung Hohenburg und bleiben dafür in der Kurve geradeaus, um auf einen kleinen Weg zu wechseln. Gleich darauf sind wir im Oberreiterweg, von dem wir rechts durch den Ludwig-Thoma-Weg in ein Waldstück gelangen und kurz danach am **Hohenburger Schlossweiher** stehen. Für wenige Meter geht es am Ufer entlang nach links, dann folgen wir erneut links der Beschilderung Richtung Geierstein.

Jetzt hat das entspannte Wandern ein Ende, denn nun steigt der Weg flott an. Stets dem Bergpfad folgend, können wir uns nicht mehr verlaufen – ab hier steigen wir über 750 Höhenmeter zum Teil steil bergauf. Glücklicherweise liegt der Weg im Schatten, damit lässt sich das einfacher meistern. Aber Achtung, der Pfad ist von vielen Wurzeln durchzogen! Schließlich erreichen wir eine

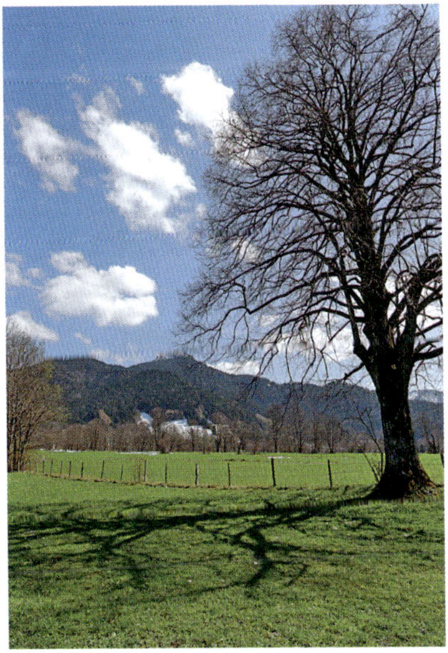

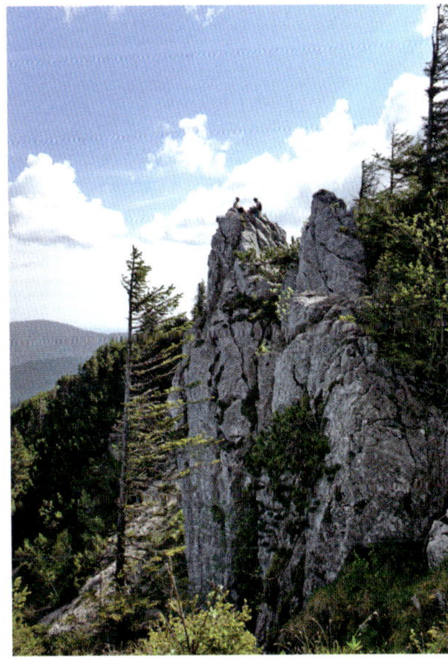

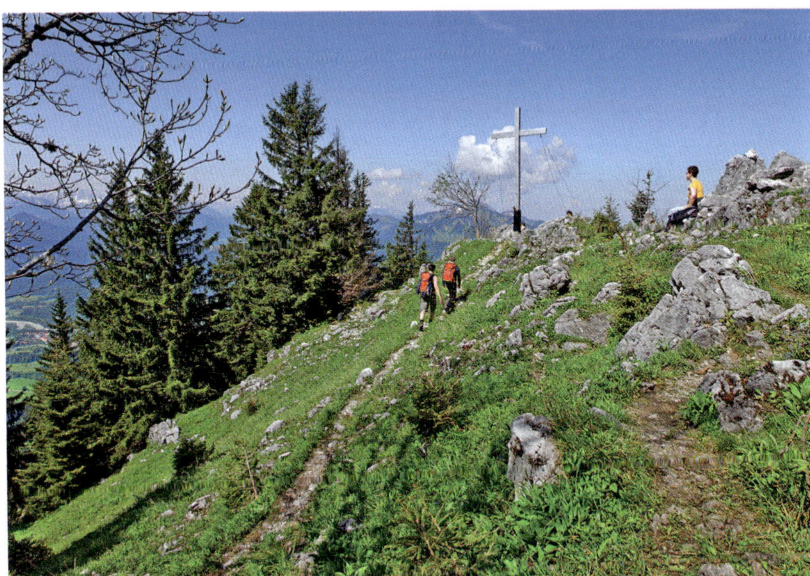

◀ Aus dem Tal wirkt der Geierstein unscheinbar.
▶ Den Gipfel zieren markante Felsen.
▼ Etwas abseits der Abbruchkante finden sich Rastplätze.

kleine Felsstufe, wo wir kurz die Hände zu Hilfe nehmen müssen, um hinauf zum **Markeck** (1057 m) zu gelangen, einer exponierten Aussichtsstelle, von der wir weit über das Isartal blicken können. Versehen mit einer Bank, ist sie die einzige Rastmöglichkeit auf dem Weg zum Gipfel.

Gleich danach geht es wieder in den Wald und weiter bergauf. Zur Abwechslung gesellen sich nun ein paar Felsen hinzu, und der Weg wird schrofiger. Auch hier kommen manchmal unsere Hände zum Einsatz, aber das ist alles gut zu schaffen. Dann lichtet sich der Bergwald, und ziemlich unverhofft taucht das Gipfelkreuz über unseren Köpfen auf. Der Platz hinter dem **Gipfel des Geiersteins** (1491 m) entpuppt sich dann doch als recht geräumig, sodass jeder einen Platz zum Rasten und Schauen findet.

Für den Abstieg folgen wir einfach dem Bergpfad, der sich über den Kamm zieht (ein kurzes Stück ist er als »luftig« zu beschreiben). Nach der Überschreitung verlassen wir den Kamm nach links, und ein letztes Mal ist Trittsicherheit über ein paar Felsen gefragt, dann steigen wir zügig und recht steil zu einer Almwiese ab. Wir erreichen einen Sattel und stoßen dort auf den **Maximiliansweg**, dem wir nun links Richtung Lenggries folgen. Nach dem ersten Waldstück wandern wir über eine Lichtung und dann nochmals steil bergab. Schließlich kommen wir zum Waldrand, queren den Reiterbach und folgen links dem Feldweg über die Wiesen. Jetzt wandern wir direkt auf Lenggries zu und erreichen den Ort wieder an der Grundschule, unweit unseres Aufstiegwegs. Links-rechts sind wir sogleich wieder in der Geiersteinstraße und folgen ihr auf dem Hinweg zurück zum **Bahnhof Lenggries**.

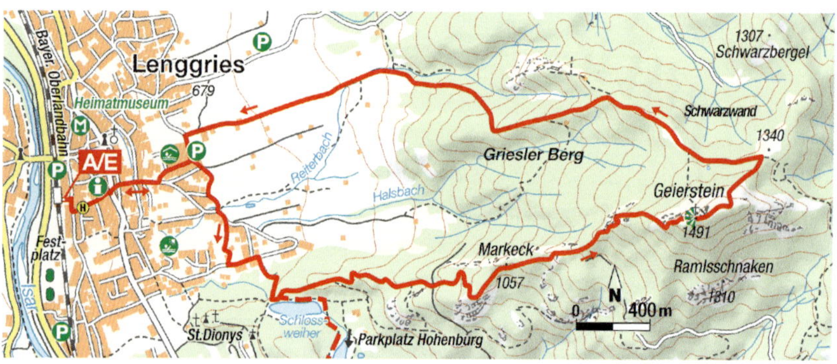

Auf einen Blick

AUSGANGS-/ENDPUNKT

Bahnhof Lenggries
GPS: 47.679932, 11.574197

ANFAHRT

ÖPNV: Mit der BRB von München nach Lenggries
Auto: Über Bad Tölz auf der B 13 nach Lenggries; es gibt nur wenige Parkplätze am Bahnhof. Vor allem sind sie leider zeitlich eingeschränkt, das könnte knapp werden. Besser ist der Wanderparkplatz Hohenburg am Ende der Hohenburgstraße – von dort geht man links, etwas oberhalb von zwei kleineren Weihern, zum großen Schlossweiher, dort rechts über die Brücke und dann vom Uferweg rechts in den Bergweg zum Geierstein (man spart sich so ca. 15 Min.).

GEHZEIT UND SCHWIERIGKEIT

Mittelschwere Bergtour, die Kondition voraussetzt, denn der Weg führt steil auf schmalen Bergpfaden mit vielen Wurzeln aufwärts (4.30 Std., 11 km, 800 Hm). Dabei sind kurze Kraxelstellen zu meistern, die zwar nicht kritisch sind, man sollte aber trotzdem trittsicher und schwindelfrei sein. Der Gipfelbereich fällt steil ab – wer nicht schwindelfrei ist, findet dahinter ein ruhiges und sicheres Rastplätzchen.

EINKEHR

Unterwegs keine; genügend Getränke und eine Brotzeit mitnehmen. Mehrere Möglichkeiten in Lenggries

AUCH INTERESSANT

Keine aasgierigen Geier, sondern schlicht Bergschafe waren wohl die Namensgeber unseres felsigen Gipfels; wahrscheinlich wurde aus dem althochdeutschen Gigalstein (was nichts anderes heißt als Bergschafstein) im Lauf der Zeit das heutige Wort Geierstein. Einer Legende nach könnte hier auch ein Geige spielender Eremit gelebt haben – beide Namensformen bestehen aber schon seit Langem nebeneinander.

INFORMATION

lenggries.de

14

Auf die Hochalm im Isarwinkel

BERGWIESEN, STEINSCHAFE UND »HEIDI«-FEELING

Wenn ein Gipfel Hochalm heißt, kann man davon ausgehen, dass hier eine Almfläche die ausschlaggebende Rolle spielt. Und genau so ist es im hintersten Winkel des Tölzer Lands: Von unten erahnt man vor lauter Wald kaum einen Gipfel, aber oben entpuppt er sich als großes grünes Wiesenplateau mit einer fantastischen Aussicht.

Vom **Wanderparkplatz** steigen wir an seinem rechten Ende die kleine Forststraße empor. Anfangs gemächlich, queren wir bald den Gerstenrieder Bach, dessen Erkundung wir uns für den Abstieg aufheben wollen. Ein Stück weiter wird der Weg schmäler und deutlich steiler: Er zieht sich am **Gerstenrieder Graben** entlang und führt nach Norden. Schließlich erreichen wir einen Sattel und sehen rechts von uns die **Hölleialm** (1154 m); von dort stößt auch der Wanderweg vom Achenpass her zu unserem Weg.

Wir wandern weiter durch lichten Mischwald bergan und erreichen die Wiesen der **Mitteralm** (1200 m), die rechts von uns, etwas tiefer, liegt. Auch ein Besuch dieser Alm muss vorerst noch warten, denn wir steigen nun, uns links haltend, ein letztes Stück durch den Wald hinauf bis zum flachen Gipfelplateau der **Hochalm** (1427 m). Die Hütte der Hochalm selbst ist längst verfallen, nur noch wenige Grundmauern sind von ihr übrig. Aber vom Gipfelkreuz genießen wir die weite Aussicht nach Norden über das ganze Isartal und nach Süden auf die Riege der Karwendelspitzen. Die riesige Almfläche bietet genügend Platz für alle Wanderer, die hier gern für eine längere Pause verweilen.

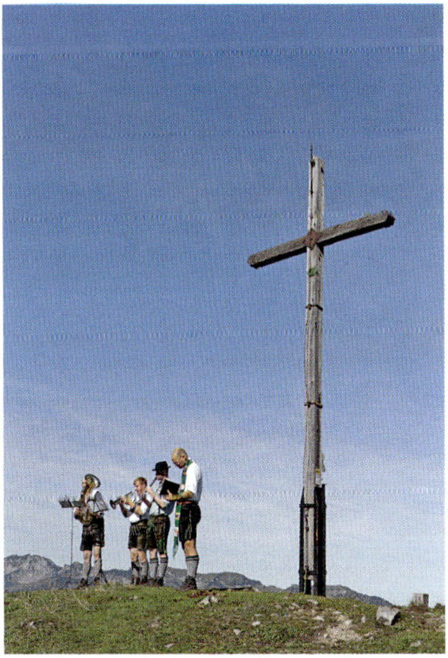

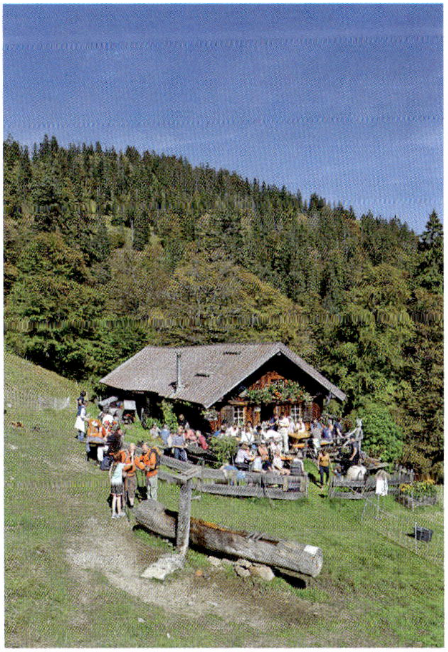

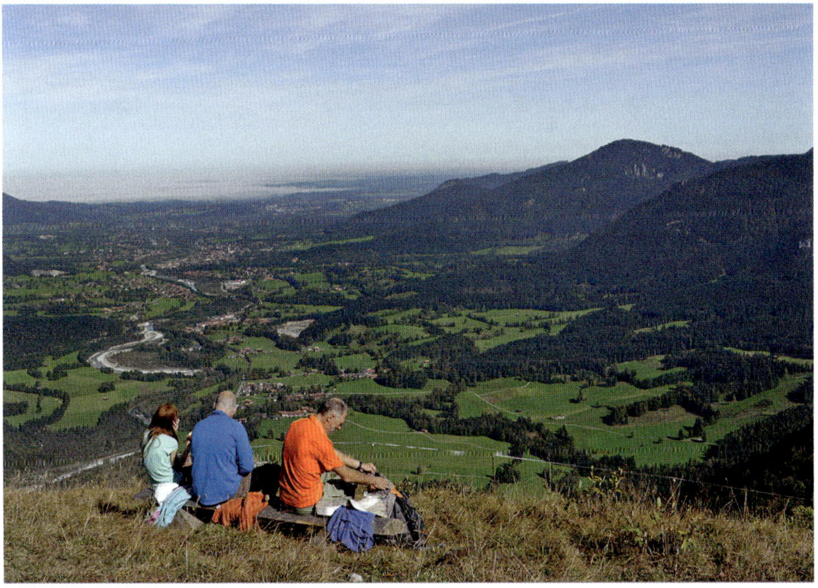

◂ Einmal im Jahr gibt es eine Bergmesse auf der Hochalm.
▸ Nach dem Gottesdienst herrscht reger Betrieb auf der Mitteralm.
▾ Aussicht auf das Isartal

Nach der Schaurast geht es wieder hinab und zur **Mitteralm** zurück, wo das Wasser in einem Brunnen plätschert, während sich hinter der Alm mächtige Tannen im Wind wiegen – definitiv kommt da ein bisschen »Heidi«-Feeling auf, vor allem auch, weil um die Alm herum ein paar Schafe und Ziegen grasen. Bei genauerem Hinsehen und beim Studieren der Infotafel entdecken wir, dass es sich um das Krainer Steinschaf handelt, eine vom Aussterben bedrohte Rasse. So herrscht hier in den Sommermonaten reges Leben: Die Schafe und Ziegen müssen gemolken werden, und aus der Milch entsteht dann in reiner Handarbeit ein leckerer Schafs- und Ziegenkäse, den man als Brotzeit auf der Mitterhütte erwerben kann – wohlgemerkt aber nur dann, wenn gerade der Senn vor Ort ist, denn die Hütte ist kein Gastronomiebetrieb mit klassischen Öffnungszeiten. Sollten gerade andere Arbeiten rund um die Alm anstehen, können Wanderer auch einmal vor verschlossenen Türen stehen und dürfen sich dann den Genuss der selbst gemachten Schmankerl für einen anderen Wandertag aufheben.

Den Rückweg kennen wir bereits, denn es geht auf demselben Weg zurück. Nur dieses Mal können wir noch einen feucht-fröhlichen Stopp an den Gumpen im **Gerstenrieder Graben** einlegen: Mit einem Abstecher barfuß – von oben kommend nach rechts – durch das Bachbett, erreicht man herrliche tiefgrüne Gumpen und kleine Wasserfälle. Perfekt für einen genussvollen Tourenausklang, lädt der kühle Bach so zu einer natürlichen Kneippkur ein. Viel Spaß dabei!

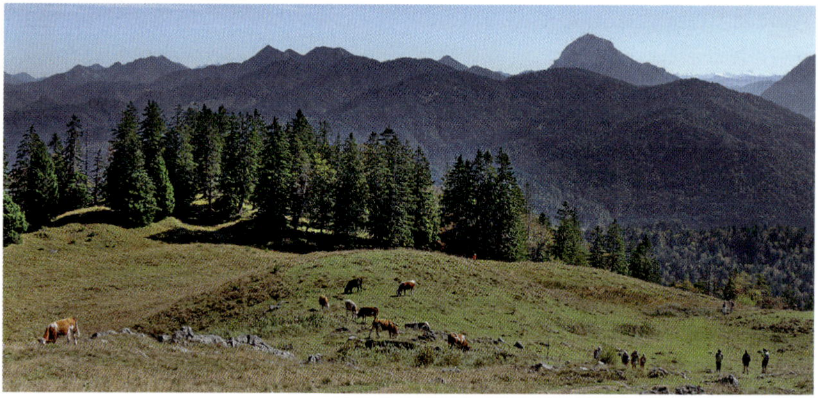

Im Süden blickt man auf das Karwendel.

Auf einen Blick

AUSGANGS-/ENDPUNKT

Wanderparkplatz an der B 307 am Sylvensteinspeicher
GPS: 47.58222, 11.58898

ANFAHRT

ÖPNV: keine Möglichkeit
Auto: Von Bad Tölz auf der B 13 Richtung Süden über Lenggries zum Sylvensteinspeicher und dort links Richtung Achensee; nach knapp 4 km erreicht man den großen Wanderparkplatz auf der linken Straßenseite.

GEHZEIT UND SCHWIERIGKEIT

Mittelschwere, technisch aber einfache Wanderung auf Wanderwegen und Bergpfaden mit viel Sonne (3.15 Std., 7,5 km, 650 Hm). Bademöglichkeiten am Ende der Tour

EINKEHR

Etwas unterhalb vom Gipfel liegt die Mitteralm, die jedoch nur in den Sommermonaten bewirtschaftet wird.

NOCH WICHTIG

In Lenggries kann man sich sehr gut für eine leckere Gipfelbrotzeit eindecken: Mehrere gute Dorfmetzger (z. B. Metzgerei Weber in der Münchner Straße oder Metzgerei Schraml in der Isarstraße) bieten sehr gute Brotzeiten. Wer es lieber vegetarisch mag, ist im Grünen Warenhaus in der Isarstraße gut aufgehoben.

INFORMATION

lenggries.de

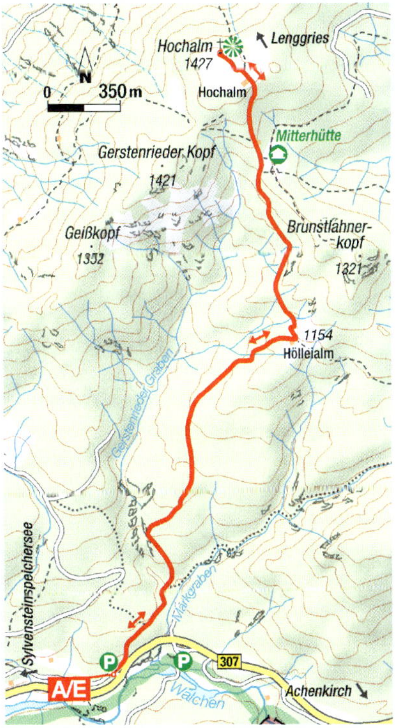

15

Durchs Rohntal zur Torscharte

EINE DER SCHÖNSTEN WANDERTOUREN IM KARWENDEL

Das Karwendel bietet Bergeinsamkeit pur und das zur Genüge, aber meist sind diese Ziele nur mit viel Aufwand und vor allem hochalpiner Erfahrung zu erreichen. Daneben gibt es auch Ziele wie den großen Ahornboden, die an manchen Tagen hoffnungslos überfüllt sind. Diese Wanderung ist hingegen eine perfekte Alternative.

Perfekt vor allem deswegen, weil sie insgesamt als technisch nicht schwierig einzuordnen ist, nur etwas Kondition benötigen wir dafür. Das Tolle daran ist, dass wir bereits weit vor dem Großen Ahornboden starten, ja sogar noch vor der Mautstelle, ab der das Rißbachtal oft zu einem Nadelöhr wird. Lassen wir also alle anderen Ausflügler weiterfahren, stoppen bereits in Hinterriß und steigen von hier durchs Rohntal auf, um über die Torscharte ins nächste Tal wieder abzusteigen.

Dafür starten wir am modernen **Naturparkhaus Hinterriß** und passieren es auf seiner rechten Seite. Das Rohntal ist bereits ausgeschildert. Sogleich sind wir im Bergwald unterwegs und stoßen auf einen weiteren Parkplatz – auf seiner rechten Seite gibt es ein Weglein, das uns zur größeren Forststraße führt, der wir nach rechts folgen. Diese steigt nun langsam und stetig an, und wir erreichen nach einer langen Linkskurve zuerst den Klausboden und dann den Almboden der **Rohntalalm** (1262 m). Die Berglandschaft zeigt sich hier von ihrer schönsten Seite: Alte knorrige Bergahornbäume stehen vereinzelt auf sonnigen Almwiesen, deren Mittelpunkt zwei kleine Almgebäude bilden.

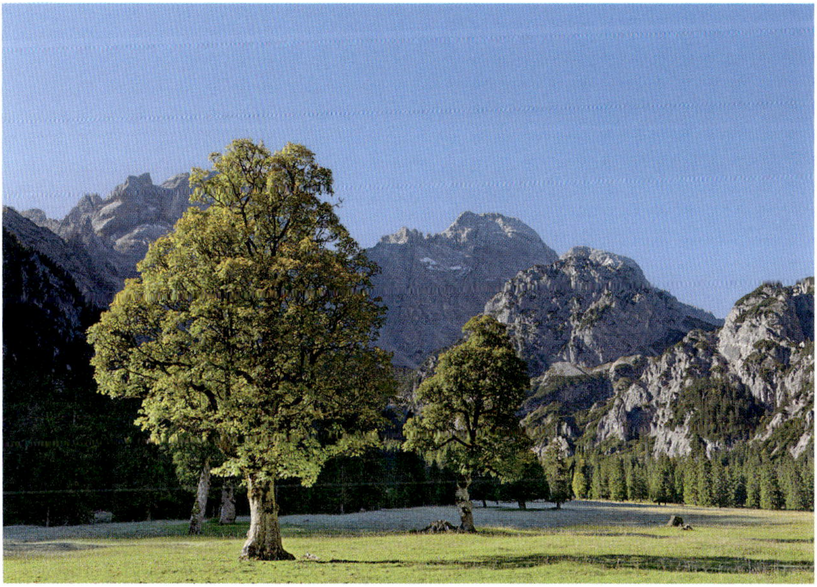

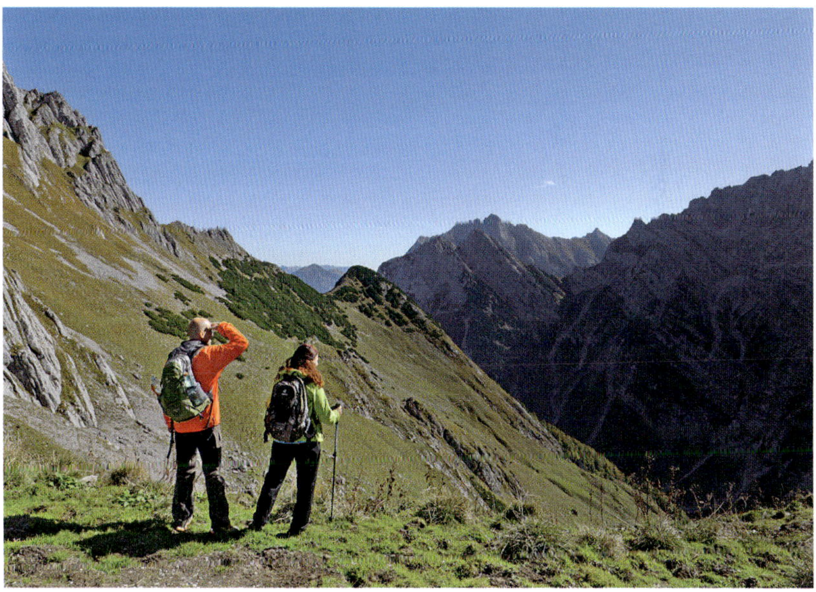

▲ Mächtige Bergahornbäume zieren den Rohntal-Almboden.
▼ Die Scharte zwischen den beiden Tälern ist erreicht – eine traumhafte Berglandschaft liegt vor uns.

Im Hintergrund ragen Östliche Karwendelspitze und Vogelkarspitze mit ihren schrofigen Felsen und den grauen Schuttreißen empor – eine Szenerie, die an Dramaturgie nichts zu wünschen übriglässt, man glaubt, fast am Ende der Welt zu sein.

Doch es gibt einen Übergang, und wir finden ihn, indem wir uns nach der Alm links halten. Das letzte Stück über die Almwiese ist der Weg noch breit, dann queren wir ein Bachbett. Durch lichten Bergwald passieren wir die ersten Felsen und sehen schräg links vor uns schon die Torscharte, die als einziger möglicher Übergang infrage kommt. Langsam werden die Bäume weniger, und der Weg wird deutlich steiler. Eine Schuttreiße müssen wir queren, dann wendet sich der Weg nach links und führt in vielen kleinen Serpentinen immer steiler den grasbewachsenen Hang hinauf. Unglaublich, wie viele Schritte man braucht, bis die **Torscharte** (1815 m) in greifbare Nähe rückt.

Aber dann haben wir es geschafft und stehen auf dem breiten Sattel, der das Rohn- vom Tortal trennt. Hier öffnen sich uns ganz neue Ausblicke, und mit etwas Glück und Geduld lassen sich vielleicht sogar Gämsen beobachten. Diese wunderbare Schaurast verbindet man hier oben natürlich am besten mit einer ausgedehnten Brotzeit, und falls der Wind zu sehr pfeifen sollte, setzen wir uns einfach in den Windschatten eines Felsens oder suchen uns ein etwas tiefer gelegenes Plätzchen.

Danach steht ein langer Abstieg bevor, wobei wir fast die ganze Zeit über das bizarre felsige Alpenpanorama ringsum bestaunen können. Wir passieren den **Tortalalm-Hochleger** und kurz darauf ein Almkreuz. Zu unserer Rechten erheben sich die Felswände der Karwendelspitze und scheinen zum Greifen nah, wir aber bleiben dem Pfad treu und steuern weiter Richtung Tal. Langsam umgeben uns auch wieder Bäume, und im Zickzack geht es dem Talboden entgegen.

So erreichen wir schließlich die **Tortalalm** (1144 m), die auf einer steinübersäten Almwiese steht. Dahinter erwartet uns ein bequemer Fahrweg, und, begleitet vom Tortalbach, wandern wir talauswärts. Schließlich sehen wir die ersten Häuser von Hinterriß und kommen zur Straße. Jetzt halten wir uns nur noch ein Stück nach links und sind dann wieder an unserem Ausgangspunkt beim **Naturparkhaus Hinterriß** angelangt.

Auf einen Blick

AUSGANGSPUNKT

Naturparkhaus Hinterriß, Rißtal
GPS: 47.473277, 11.465903

ANFAHRT

ÖPNV: Mit der BRB von München nach Lenggries und weiter mit dem Bergbus (Mitte Juni bis Mitte Oktober) in die Eng
Auto: Über Bad Tölz und Lenggries zum Sylvensteinspeicher, von dort weiter nach Vorderriß, dann links nach Hinterriß abbiegen. Kleiner Wanderparkplatz vor dem Ort auf der linken Straßenseite

GEHZEIT UND SCHWIERIGKEIT

Mittelschwere, längere Wanderung, vorwiegend auf kleinen Bergwegen und schmalen Pfaden (5 Std., 13,5 km, 950 Hm). Technisch nicht schwer, aber im mittleren Bereich steiler, steiniger Aufstieg zur Torscharte, für den man trittsicher sein sollte

EINKEHR

Unterwegs keine

NOCH WICHTIG

Zur Torscharte gehört auch ein Gipfel, der 2014 m hohe Torkopf. Seine Besteigung erfolgt ab der Scharte in ca. 40 Min. Dafür muss man völlig schwindelfrei und trittsicher sein. Bei der Querung eines abfallenden Wiesenhangs und dem anschließenden steilen Aufstieg darf man sich keinen Fehltritt leisten!

INFORMATION

silberregion-karwendel.at

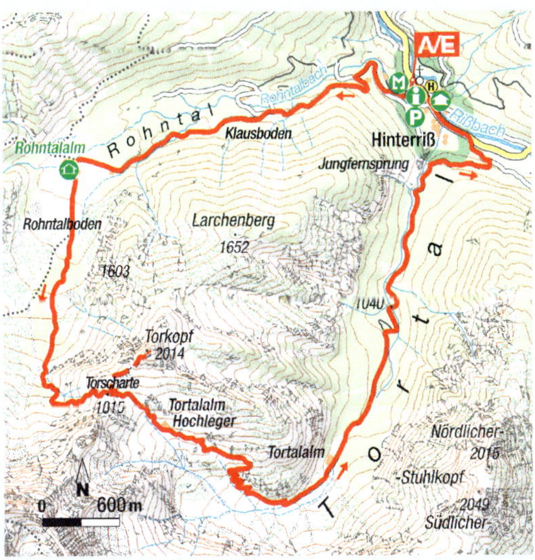

16

Über die Neureuth zur Gindelalmschneid

GIPFELFREUDEN UND KULINARISCHE GENÜSSE

Die heutige Bergtour gleicht einer wahren Einkehr-Safari: Neben der Neureuth, eine äußerst beliebte Tegernseer Bergwirtschaft, können wir noch die Gindelalm und die Kreuzbergalm besuchen. Wer dann immer noch nicht genug hat: Das Tegernseer Bräustüberl liegt nur wenige Gehminuten vom Ausgangspunkt der Wanderung entfernt.

Die Tour beginnt am **Wanderparkplatz in Gasse**. Von dort geht's in Richtung Oberbuchberg/Tegernsee, dann wenden wir uns am Hofladen Oberbuchberger's links auf die für den Verkehr gesperrte Forststraße, die gleich darauf bergan in den Wald führt. Im Frühjahr blühen am Wegrand Anemonen, Schlüsselblumen, Milzkraut, Zahnwurz, Lungenkraut und Hasenklee. Der Forststraße folgen wir ein gutes Stück, bis uns in einer scharfen Rechtskurve die Beschilderung zur Neureuth nach links weist.

Jetzt geht es steil bergauf, sogar ein paar Treppchen helfen, den Weg zu befestigen. Doch die Anstrengung dauert nicht lange, und schon bald erreichen wir den Waldrand und sehen links über uns die Gebäude der Neureuth. An der Kriegerkapelle vorbei sind wir mit ein paar Schritten am **Wirtshaus Neureuth** (1263 m) – bei dieser Aussicht von hier oben ist es kein Wunder, dass die Gaststätte trotz ihrer steilen Anmarschroute zu einem der bekanntesten Ausflugsziele des Tegernseer Gebiets zählt: Unter uns liegt der Tegernsee, eingerahmt von Wallberg, Hirschberg und Seekarkreuz, etwas weiter dahinter erheben sich die Blauberge mit dem Schildenstein. Weiterer Pluspunkt der

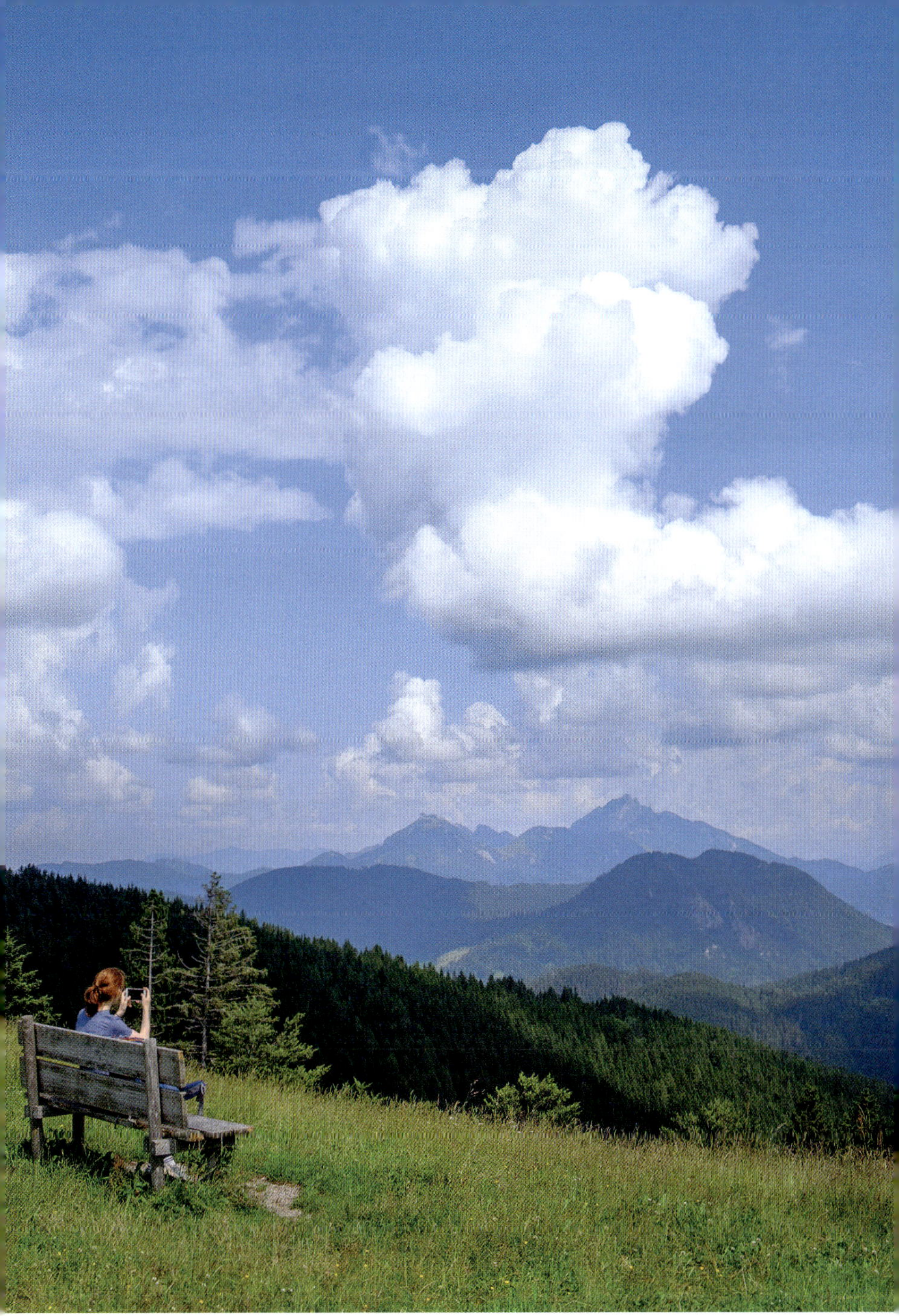

Von der Gindelalm blickt man auf das Mangfallgebirge.

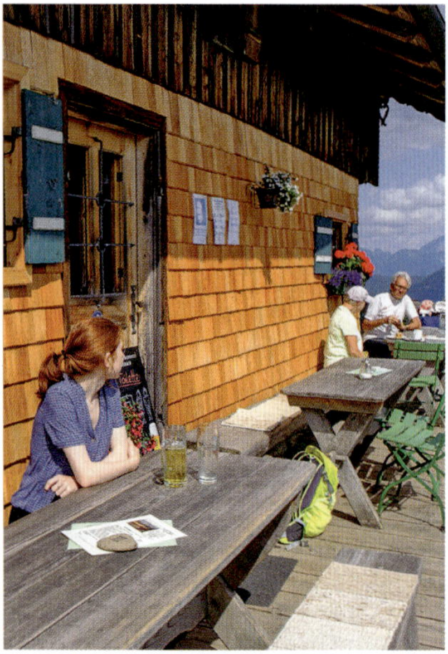

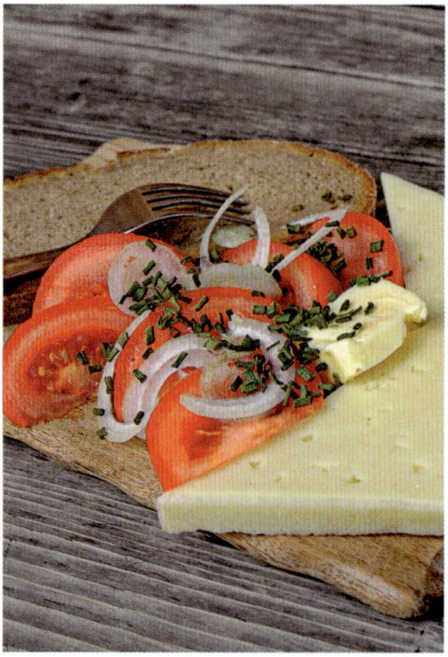

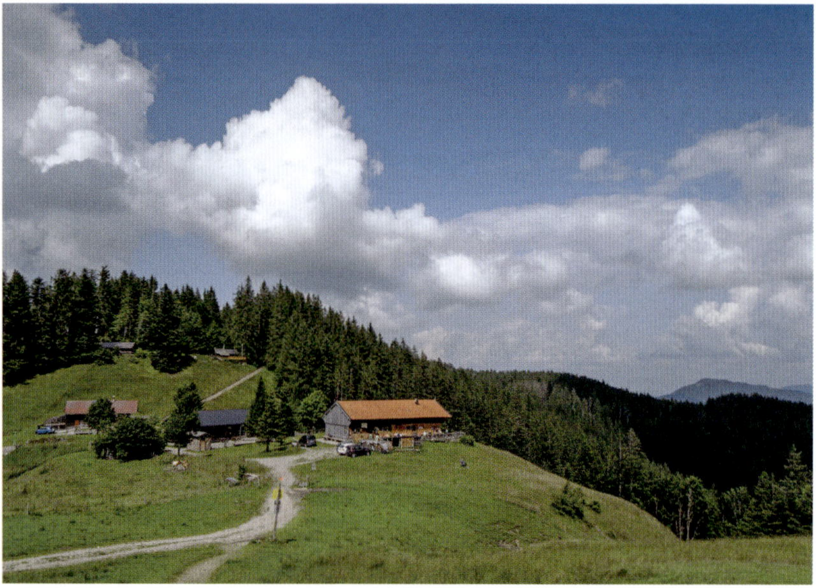

◀ Gemütlich sitzt man an langen Tischen vor der Gindelalm.
▶ So gut schmecken die Berge!
▼ Die Gindelalmen

Neureuth: Sogar bei Schnee kann man auf dem geräumten Winterwanderweg hier heraufsteigen.

Wir könnten jetzt schon einkehren oder gleich unser nächstes Ziel, die Gindelalmschneid, anvisieren. Dazu folgen wir den Schildern »N2 – Kreuzberg, Alpbachtal, Prinzenweg« Richtung Osten und erreichen nach einer halben Stunde auf einem Waldweg den Almboden der Gindelalmschneid. Vor uns liegen die Hütten, im Norden sehen wir den Taubenberg und die Kreisstadt Miesbach. Über die Wiesen schlendern wir zu den Gindelalmen, die im Sommer noch immer als echte Almen bewirtschaftet werden. An der **Gindelalm Nr. 2** (1242 m) – das ist die mittlere und größte – lädt die lange Hausbank zur Rast ein. Seit vielen Jahren wird diese Alm von einer überaus freundlichen Familie betrieben – der Kaiserschmarrn wird hier immer frisch zubereitet, und wenn viel los ist, kann es schon mal zu Wartezeiten kommen, was allerdings bei der schönen Aussicht ringsum kein Problem ist.

Nach der Rast wandern wir ein ganz kurzes Stück auf dem Weg zurück und halten uns dann links zum Kamm der **Gindelalmschneid**. Mit einem Abstecher nach rechts stehen wir schnell am Gipfelkreuz (1335 m), dem höchsten Punkt unserer Tour. Wieder erwartet uns eine herrliche Aussicht: Im Osten taucht nun der Schliersee auf, und am Horizont steht der markante Wendelstein.

Zurück von unserem Gipfelabstecher folgen wir weiter dem recht ausgewaschenen Bergpfad über den Kamm. Sonnig geht es nun über eine Almwiese abwärts, und wir steuern die **Kreuzbergalm** (1223 m) an. Die urige Hütte ist ebenfalls in den Sommermonaten bewirtschaftet und ein beliebtes Ausflugsziel, was mit Sicherheit auch am herrlichen Ausblick auf den Schliersee liegen mag.

Von hier folgen wir der abwärts führenden Alm- bzw. Forststraße, die zu Ehren von Prinz Carl von Bayern **Prinzenweg** benannt wurde. Dieser hatte die Tegernseer Besitzungen von seiner Stiefmutter Caroline geerbt und förderte, ganz in der Tradition seines Vaters König Max I., sowohl finanziell als auch kulturell das von ihm heißgeliebte Tegernseer Tal. Die Wegbeschilderung ist ausgezeichnet, man kann sich eigentlich nicht verlaufen. Wir wandern nun durch den Wald, der noch zu einer Zeit gepflanzt wurde, als man die Fichte für den einzig rentablen Waldbaum hielt. Die auffälligen Steinwälle, mit denen der Alpbach verbaut ist, halten das Hochwasser und vor allem das gefährliche Geschiebe zurück, das früher immer wieder den Ort Tegernsee bedrohte.

Nach einer guten Stunde erreichen wir die ersten Häuser von **Tegernsee** und passieren die **Maria-Schnee-Kapelle**. Unser Wanderweg wird damit zur Max-Josef-Straße, die uns in den Ort bringt. Wer Lust auf einen weiteren Einkehrstopp im **Bräustüberl** hat, biegt am Postamt links ab und erreicht in knapp fünf Minuten beim Kloster das Seeufer. Wer im Anschluss angesichts des legendären Tegernseer Biers befürchtet, den Rückweg nicht mehr zu schaffen, kann natürlich auch mit dem Bus (Haltestelle entweder hinter dem Kloster oder an der Tourist-Info Tegernsee) die Rückfahrt antreten – spätestens am Strandbad in Gmund steigt man aus, wandert kurz über den Kreisverkehr zurück und biegt dann links in die Kurstraße ein; diese führt zur Straße Gasse, wo wir nach rechts wieder zum Ausgangspunkt gelangen.

Für den Rückweg ab dem Ort Tegernsee wandern wir hingegen am Postamt rechts am Bahnhof vorbei und folgen den Schildern des **Höhenwegs Gmund** wieder aufwärts. Wir passieren »Das Tegernsee« und wandern im leichten Auf und Ab zum Finale durch lichten Buchenwald zurück Richtung Gasse. Nach einem Bauernhof treffen wir auf eine Straße, der wir nur noch leicht bergauf folgen müssen. Dann sind wir rasch wieder am Hofladen Oberbuchberger's im Ortsteil **Gasse**, wo wir unsere Wanderung begonnen haben.

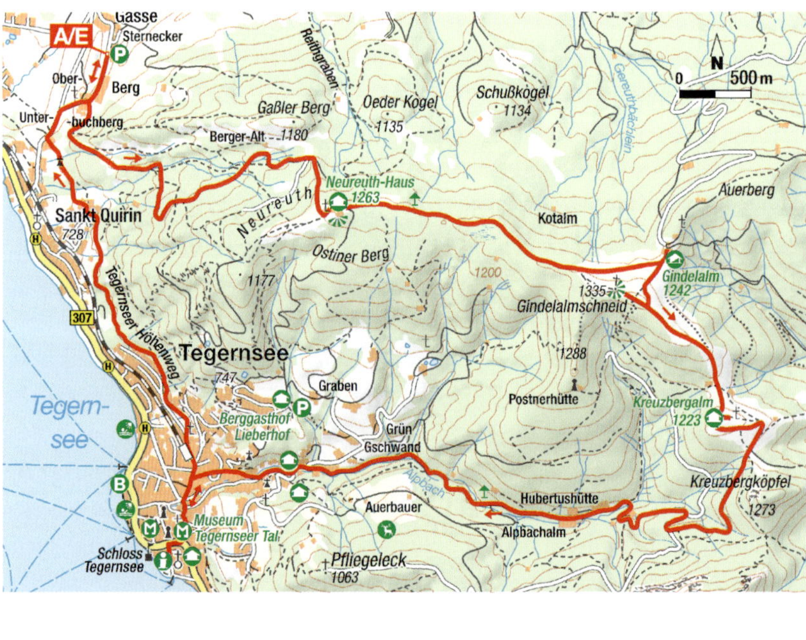

Auf einen Blick

AUSGANGS-/ENDPUNKT

Wanderparkplatz in Gasse, einem Ortsteil von Gmund
GPS. 47.737001, 11.751145

ANFAHRT

ÖPNV: Von München mit der BRB nach Tegernsee-Ort; die Wanderung startet dann in Tegernsee (von dort auf dem Höhenweg nach Gasse)
Auto: A 8 bis Ausfahrt Holzkirchen, dann B 318 nach Gmund, weiter auf der B 307 Richtung Tegernsee, dann im Kreisel links Richtung Schliersee und nach ca. 500 m rechts in den Ortsteil Gasse. Kurz vor Oberbuchberg gibt es einen Wanderparkplatz.

GEHZEIT UND SCHWIERIGKEIT

Mittelschwere und lange Bergwanderung, aber ohne technische Schwierigkeiten (5.30 Std., 18 km, 600 Hm)

EINKEHR

Neureuth (neureuth.com), Gindelalm (gindelalm.de), Kreuzbergalm, Tegernseer Bräustüberl (braustuberl.de), Hofladen Oberbuchberger's (oberbuchberghof.jimdofree.com)

NOCH WICHTIG

Wer mit öffentlichen Verkehrsmitteln anreist, kann die Tour ab der Gindelalmschneid abkürzen: Dafür steigt man dann von der Gindelalm über das Bauernhofcafé Hennerer zum Schliersee ab und fährt von dort mit dem Zug zurück (dann insgesamt 12,5 km).

INFORMATION

tegernsee.com

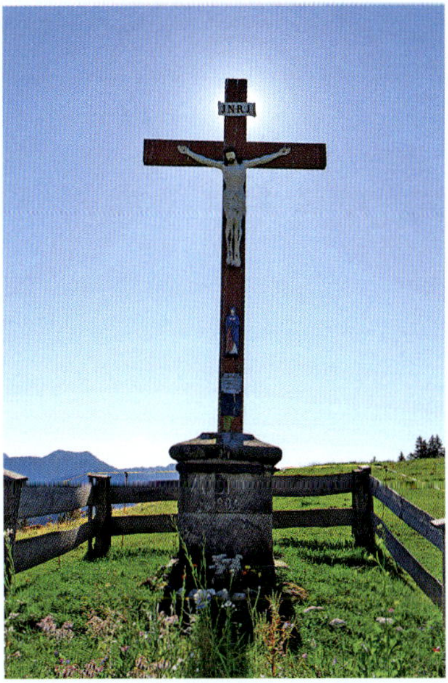

Kein Gipfel-, aber ein Bergkreuz an der Kreuzbergalm

17

Auf den Riederstein

KREUZWEG UND GIPFELKAPELLE ÜBER DEM TEGERNSEE

Der Anstieg auf den Riederstein, den man von unten gut an seiner Spitzturm-bekrönten Kapelle auf dem felsigen Vorsprung erkennt, ist spannend und abwechslungsreich – und danach können wir uns ganz entspannt im Berggasthaus Galaun von allen Wandermühen erholen.

Vom **Parkplatz im Sonnleitenweg** folgen wir der Straße noch ein kurzes Stück Richtung Süden und halten uns dann links auf dem Wanderweg mit der Beschilderung »Galaun«. Im Wald steigt der Weg an, und nach nicht ganz 100 Metern wenden wir uns nochmals nach links auf dem Wanderweg »T4 Riederstein über Pfliegeleck + Galaun«. Stets der Beschilderung folgend, gewinnen wir an Höhe und passieren den Gipfel des **Pfliegelecks** (1063 m), der kaum erkennbar mitten im Wald liegt. Nun wandern wir auf dem Bergrücken durch den schattigen Wald leicht bergauf, bis wir bald erneut auf Wegweiser stoßen, die uns auf einem Forstweg abwärts zum **Berggasthof Riederstein am Galaun** (1060 m) führen. Von der sonnigen Terrasse haben wir eine weite Sicht bis hinein ins Weißbachtal.

Unser Tagesziel, die Kapelle auf dem Felsen, sehen wir schon direkt über unseren Köpfen thronen – daher sparen wir uns eventuelle kulinarische Gelüste noch für eine Weile auf und machen uns an die letzten Höhenmeter des Anstiegs. Direkt hinter dem Gasthaus beginnen Stufen, denn der steile Weg hinauf ist zugleich ein **Kreuzweg**, der anhand von 14 Tafeln die Leidensgeschichte Christi erzählt. Wir passieren eine vorspringende Felsnase, an der eine Gedenktafel für den Wildschützen Leonhard Pöttinger hängt, und erreichen kurze Zeit später etwas atemlos das kleine Gipfelplateau, auf dem die

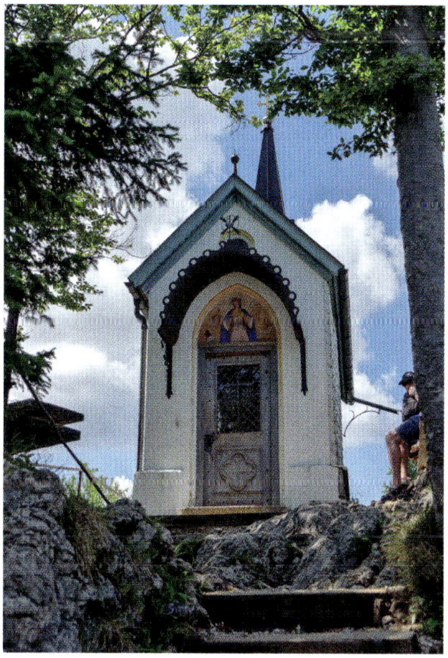

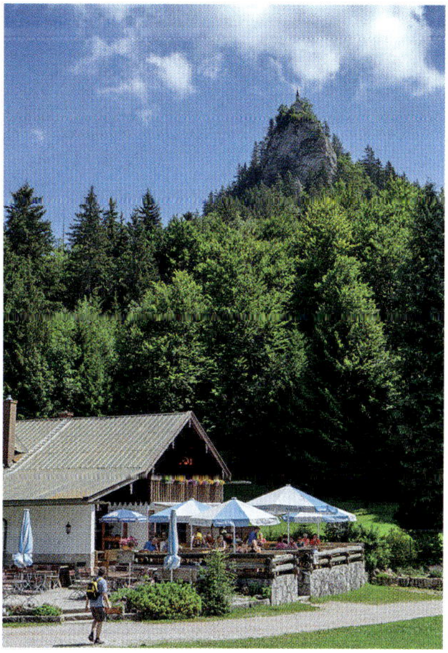

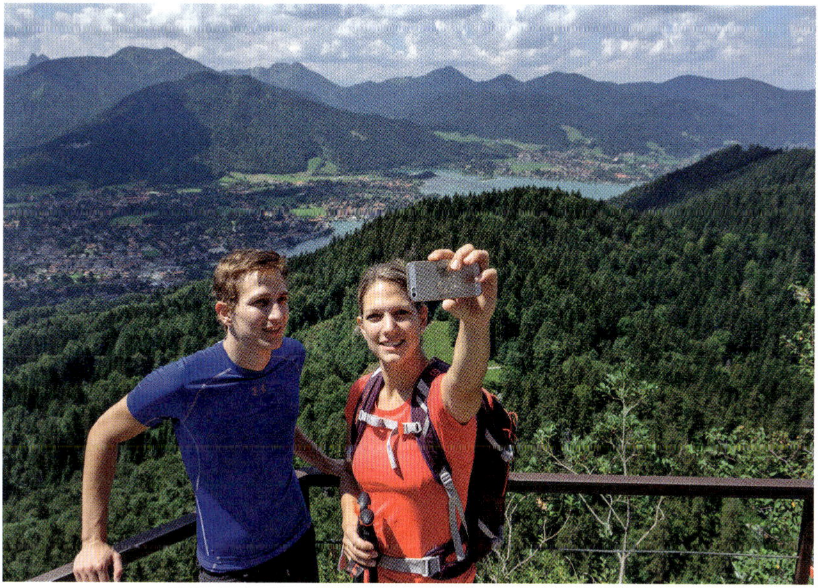

◀ Die Riedersteinkapelle
▶ Über dem Berggasthaus Galaun sieht man den felsigen Gipfel.
▼ Die Aussicht gehört mit der Kamera verewigt.

Riedersteinkapelle (1207 m) erbaut wurde. Die Aussicht ist einmalig, denn wir stehen wie in einem Adlerhorst hoch über dem Tegernseer Tal und blicken auf Hirschberg, Roß- und Buchstein, Leonhardstein und natürlich: den Tegernsee.

Leider reichen die Sitzplätze hier oben nie für alle Besucher aus, und so steigen wir zum **Berggasthof Riederstein am Galaun** hinunter. Eine Einkehr ist empfehlenswert, die bodenständige Küche und die Kuchen sind ausgesprochen lecker.

Für den weiteren Abstieg halten wir uns an der Berggaststätte links und wandern über die Rodelbahn abwärts. (Der direkte Abstieg über die Wiese vor dem Gasthaus ist zwar malerisch, wäre aber sehr steil.) Kurz bevor wir die Rottacher Bucht im Ortsteil Schwaighof erreichen, wenden wir uns nach rechts auf den **Leeberg Höhenweg**. Dieser Panoramaweg führt uns mit herrlichen Ausblicken, einmal links haltend, zum **Hotel-Restaurant Leeberghof** mit seiner »Wuidara Bar«, in dem (Wander-)Gäste gute Drinks serviert bekommen.

Danach bleiben wir einfach noch für ein Wegstück auf der Leebergstraße und biegen dann rechts in die Ellingerstraße, um auf dem **Tegernseer Höhenweg** weiterzuwandern. Dieser führt uns zum **Großen Paraplui**, von wo wir einen weiteren schönen Blick auf den Tegernsee genießen können. Hinter dem Aussichtspavillon geht es wieder in den Wald hinein und ein letztes kurzes Stück bergauf – es ist aber nun nicht mehr weit bis zu unserem Ausgangspunkt.

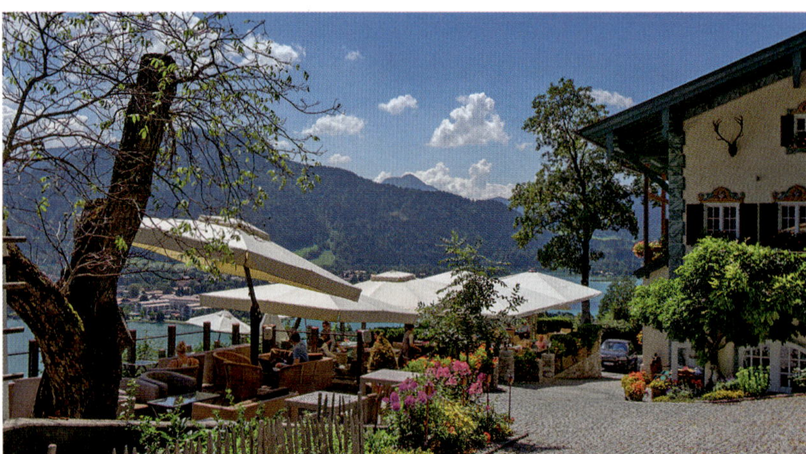

Zum Abschluss geht es auf den Leeberghof.

Auf einen Blick

AUSGANGS-/ENDPUNKT

Parkplatz am Sonnleitenweg in Tegernsee
GPS: 47.709026, 11.763924

ANFAHRT

ÖPNV: Mit der BRB von München nach Tegernsee-Ort; ab hier ca. 20 Min. zu Fuß auf der Bahnhofstraße Richtung Ortsmitte, links in die Lärchenwaldstraße, dann nicht der Kleinbergstraße folgen, sondern rechts-links-rechts über den Wanderweg bergauf zum Sonnleitenweg.
Auto: B 307 zum Tegernsee und entlang des Ostufers bis Tegernsee-Ort, am Kloster links in die Bahnhofstraße, dann rechts in den Kleinbergweg und an dessen Ende rechts in den Sonnleitenweg mit dem kleinen Wanderparkplatz auf der linken Seite

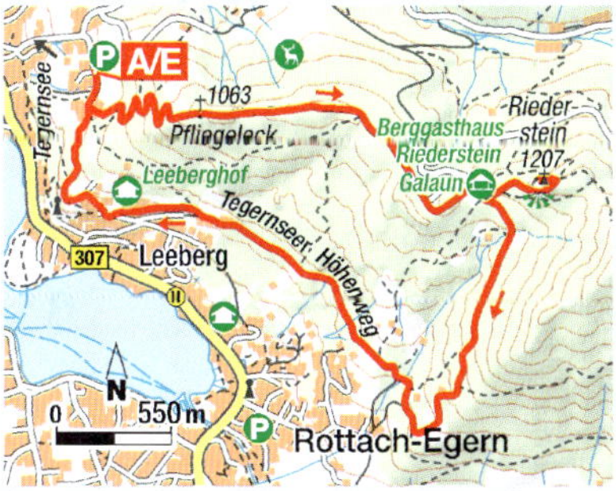

GEHZEIT UND SCHWIERIGKEIT

Konditionell leichte Bergwanderung, nur der letzte Anstieg zur Kapelle ist etwas steiler (3 Std., 8,5 km, 150 Hm). Der Großteil des Wegs liegt im Schatten – ideal im Sommer und Herbst.

EINKEHR

Berggasthaus Riederstein am Galaun mit herrlicher Aussichtsterrasse (Di Ruhetag, nur Barzahlung!), Leeberghof (leeberghof.de)

AUCH INTERESSANT

Die Riedersteinkapelle wurde im 19. Jh. erbaut: 1841 ließ der Schlossdiener Josef Hupfauer auf dem Felsen ein winziges Kirchlein aus Holz errichten. Unklar ist, warum – mit Sicherheit wurde sie aber bereits nach zehn Jahre erweitert, der Andrang war einfach zu groß. Aber auch die größere Kirche reichte nicht aus, und so ließen die Bürger von Tegernsee und Rottach 1863/64 die Kapelle aus Stein erbauen, die heute noch auf dem Riederstein steht.

INFORMATION

tegernsee.com

18

Auf Setzberg und Wallberg

AUF ZWEI BELIEBTE GIPFEL DES TEGERNSEER TALS

»Gott und die Welt« tummelt sich in den Tegernseer Bergen, und auch wenn wir mit dem ersten gern unsere Wanderung teilen, sind wir sonst lieber etwas einsamer unterwegs. Deshalb erobern wir zunächst den unbekannteren Gipfel, den Setzberg, und können dann immer noch den Wallberg »mitnehmen«.

Trotz der Lockungen der Wallbergbahn wandern wir auf dieser Tour gern erstmal bergauf, und zwar nicht nur, um uns die Einkehr mit gutem Gewissen zu verdienen, sondern auch, um anschließend knieschonend mit der Bahn ins Tal zu schweben. Aber natürlich lässt sich die Wanderung auch andersherum unternehmen.

Wir starten also zu Fuß an der **Talstation der Wallbergbahn** und halten uns rechts über den großen Parkplatz. Rechts vom Lift geht es dann auf einer breiten Forststraße in den Wald. Anfangs steigen wir nur mäßig steil bergan, dann teilt sich nach etwa 30 Minuten der Weg: Geradeaus würden wir über den sogenannten Sommerweg ziemlich steil, fast schon über die Direttissima, Richtung Setzberg und zum Alten Wallberghaus aufsteigen. Wir wollen es aber etwas gemütlicher angehen und wählen daher den rechten Wanderweg – so stehen wir 40 Minuten später auf dem kleinen Wiesenfleck der **Wallbergmoosalm** (1117 m).

Nach einer kurzen Rast wandern wir hinter der Alm auf dem bestens markierten Weg weiter und folgen nun immer der Beschilderung Richtung

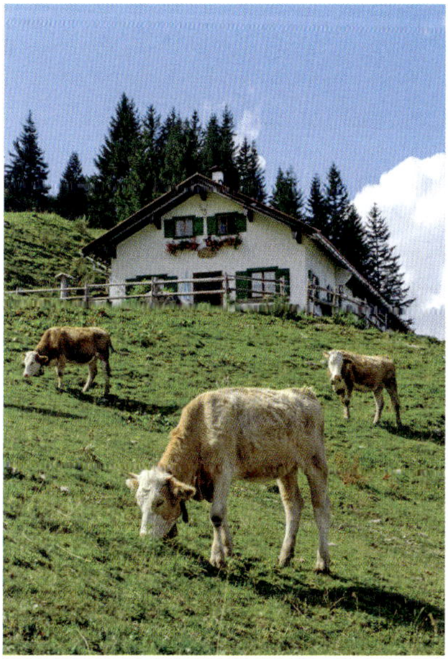

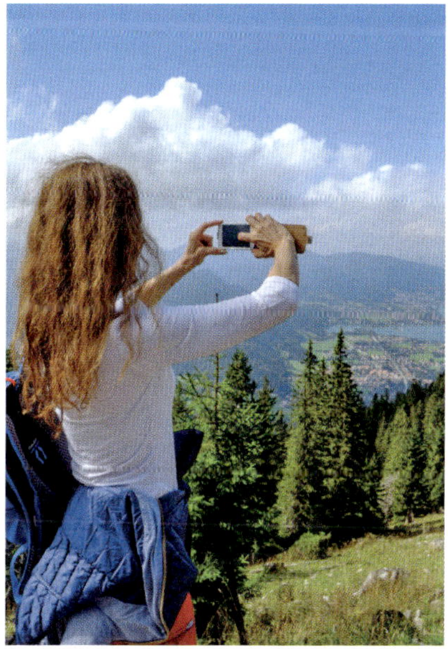

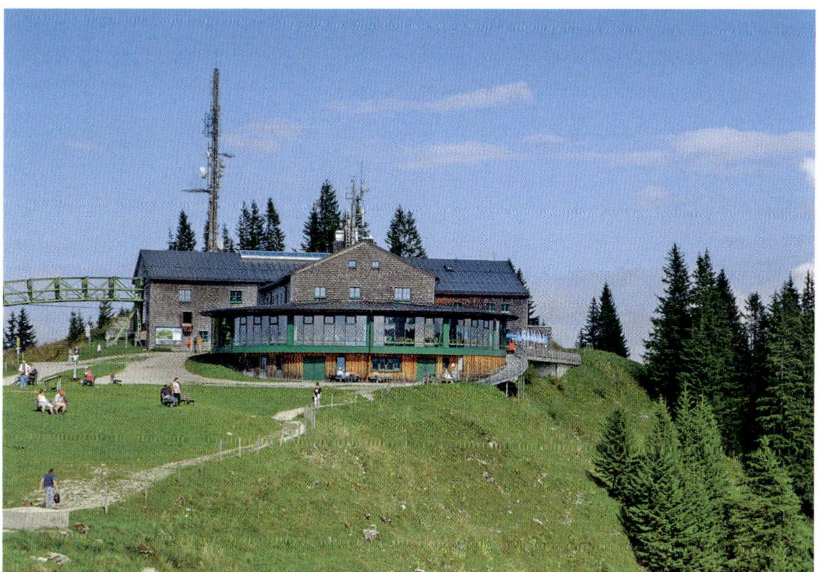

◀ Die Setzbergalm
▶ Fotogene Aussicht
▼ Bergstation und Panoramarestaurant der Wallbergbahn

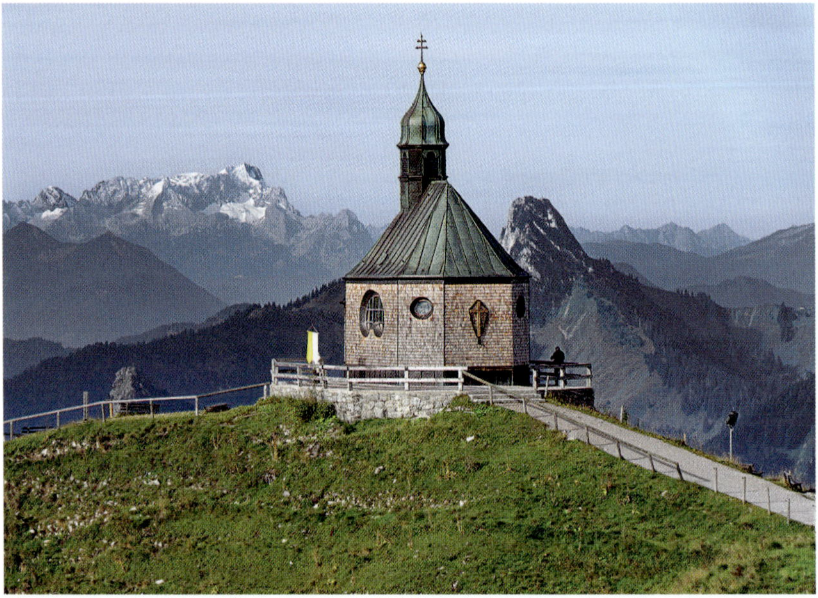

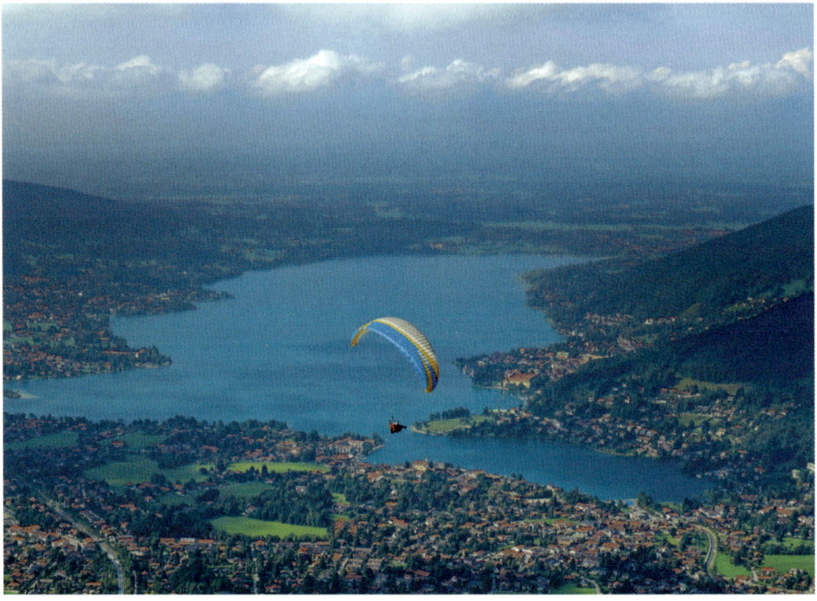

▲ Das Wallbergkirchlein vor der Zugspitze
▼ Im Tal leuchtet blau der Tegernsee.

Setzberg über die Freisinger Hütte. Dafür verlängert sich der Aufstieg minimal, garantiert aber einsame Wege – und das allein ist schon ein Geheimtipp. Bald biegen wir nach rechts ab, queren den Klafferbach und folgen der nur mäßig ansteigenden Forststraße weiter bergauf. Kurz darauf weist uns das Wanderschild nach links auf einen schmalen Bergpfad, der nun deutlich steiler ansteigt. Dann lichtet sich der Wald, und wir treten auf eine kleine Almwiese, über die wir, leicht links haltend, die private **Freisinger Hütte** (1520 m) erreichen. Vor uns liegen die **Setzbergalmen**, die wir nun zügig und jetzt wieder auf einem breiteren Weg passieren. Für das ebenfalls in Sichtweite liegende Alte Wallberghaus gedulden wir uns noch ein wenig – kurz bevor wir es erreichen, wenden wir uns nach rechts und setzen zur Eroberung des ersten Gipfels, des **Setzbergs** (1706 m), an. Der zum Teil recht ausgetretene und nach Regenwetter mitunter etwas rutschige Bergpfad windet sich über den Wiesenhügel aufwärts. Aber die Vorfreude auf die wunderbare 360°-Aussicht spornt uns für die letzten Meter an, und so ist das Gipfelkreuz recht schnell erreicht. Oben angekommen, suchen wir uns ein Plätzchen und genießen das Panorama. Für die einzigartige Aussicht und den Tiefblick auf den Tegernsee fehlen uns fast die Worte – einfach herrlich!

Dann lockt uns die Einkehr ins **Alte Wallberghaus** (1512 m), und wir steigen vom Gipfel dorthin. Vom Haus genießen wir weiterhin beste Aussichten, vor allem nach Osten hinüber zu Blankenstein und Risserkogel.

Nach dem Verwöhnprogramm der feinen Hotelküche folgen wir der kleinen Almstraße weiter aufwärts und passieren das Wallbergkirchlein und den Drachen- und Gleitschirmstartplatz. Beim Beobachten der Luft-Akrobaten dürfen wir nun aber die Uhrzeit nicht aus den Augen verlieren – wer noch auf den Wallberggipfel möchte, muss die Zeit dazu einkalkulieren, will er dann noch die Gondel für die Talfahrt erreichen – von der Bergstation bis auf den Wallberggipfel sind es nochmals gut 130 Höhenmeter und 20 Minuten Aufstieg. Der Weg dazu beginnt hinter der Bergstation, und der **Wallberggipfel** (1722 m) ist von hier bereits zu sehen – so können wir je nach Wanderer-Ansturm immer noch entscheiden, ob wir ihn ebenfalls erobern wollen. Für den Ausblick lohnt es sich immer, denn es gibt kaum einen schöneren Aussichtspunkt so hoch über dem Tegernsee.

Danach wandern wir zurück zur **Bergstation** und schweben zum Finale mit der Bahn sanft hinunter zur **Talstation der Wallbergbahn**.

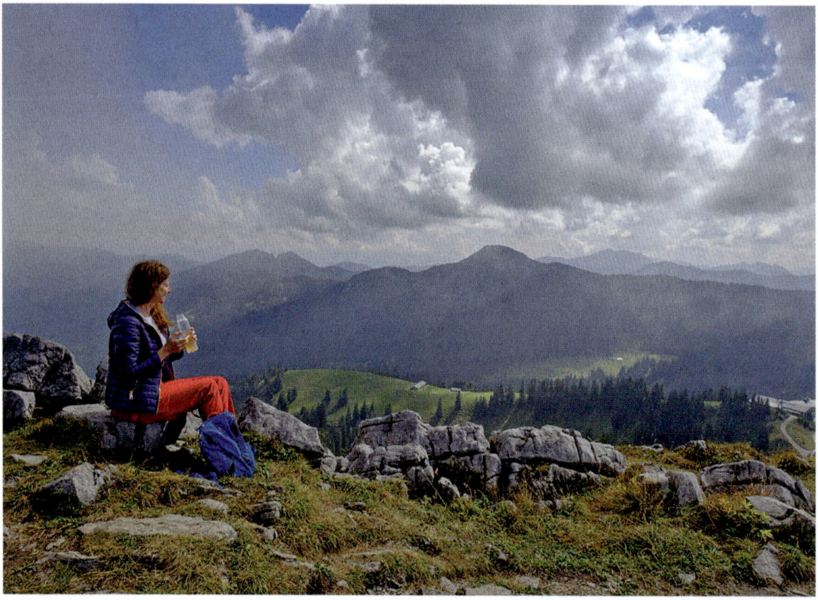

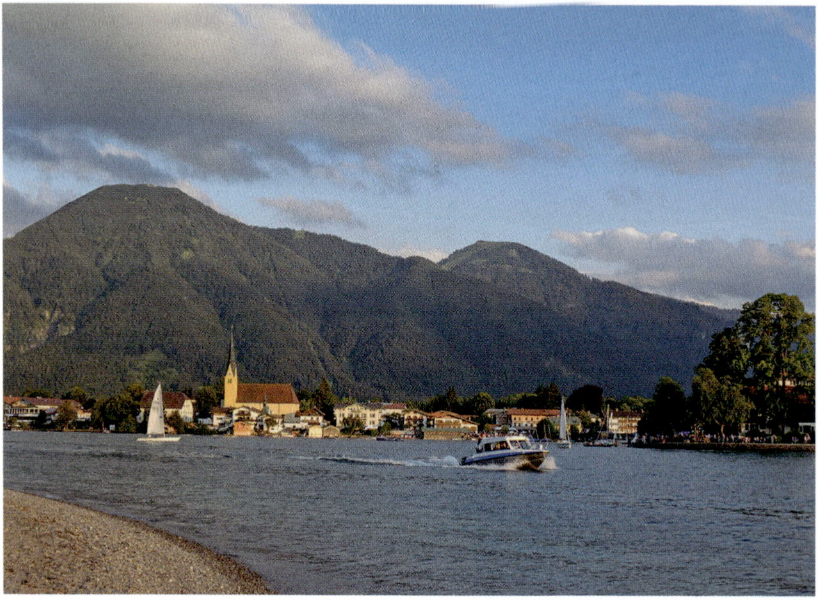

▲ Am Wallberggipfel
▼ Der Wallberg erhebt sich hinter Rottach-Egern über dem Tegernsee.

Auf einen Blick

AUSGANGS-/ENDPUNKT

Talstation der Wallbergbahn am Tegernsee
GPS: 47.674904, 11.776726

ANFAHRT

ÖPNV: Mit der BRB nach Gmund am Tegernsee und weiter mit Bus 9556 nach Rottach-Egern zur Wallbergbahn
Auto: A 8 bis Ausfahrt Holzkirchen, weiter zum Tegernsee und nach Rottach-Egern und dort der Beschilderung zur Wallbergbahn folgen (großer Parkplatz)

GEHZEIT UND SCHWIERIGKEIT

Mittelschwere, längere Wanderung, die man am besten mithilfe der Wallbergbahn zumindest durch die Abfahrt verkürzt (dann 3.45 Std., 9 km, 1050 Hm bergauf/350 Hm bergab). Der Weg führt über Forststräßchen und Bergpfade. Beide Gipfel sind völlig einfach zu erreichen. Wer den Wallberg auslässt, spart sich 130 Hm.

EINKEHR

Altes Wallberghaus (wallberg-haus.de, Mo/Di Ruhetage)! Alternativ gibt es das Panoramarestaurant Wallberg (wallberg-restaurant.de).

AUCH INTERESSANT

In der Senke zwischen Wallberg und Setzberg thront das Alte Wallberghaus schon seit 1900. Stilvoll restauriert, präsentiert es sich heute als Berghotel im wunderbaren Design, ohne seinen gemütlichen Hüttencharme verloren zu haben. Auf 1512 m nächtigt man geradezu himmlisch – für romantische Nächte sorgt der Sternenhimmel, der mit den Lichtern im Tal im Wettstreit funkelt.

INFORMATION

tegernsee.de

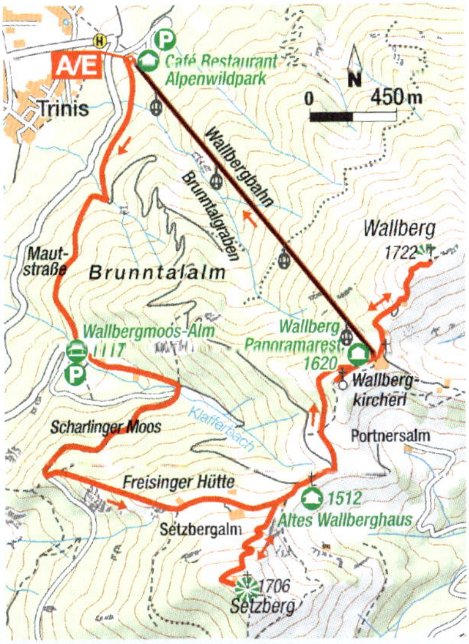

19

Über den Roßkopf zum Stolzenberg

BERGEINSAMKEIT ÜBER DEM SPITZINGSEE

Wer die Stümpflingbahn wählt, spart sich eine Stunde Aufstieg und Kondition für den steilen Weg zum Stolzenberg. Auch wenn der Gipfel nicht markiert ist, lohnt sich der Übergang zum Roßkopf sehr: Erst dort spürt man die viel gerühmte Bergeinsamkeit, zu der sich traumhafte Aussichten gesellen.

Wir starten an der **Talstation der Stümpflingbahn** und entscheiden uns hier, ob wir bequem mit dem Sessellift nach oben gondeln oder den Aufstieg zu Fuß wählen. Letzterer beginnt am westlichen Ende des Parkplatzes und führt über die Wiesen unter dem Lift entlang aufwärts. Auf dem sonnigen Weg queren wir die Almstraße, die auch für die Abfahrt mit Mountaincarts genutzt wird. Am Speichersee für die winterliche Beschneiungsanlage stoßen wir wieder auf den breiteren Weg, dem wir schließlich bis zur **Bergstation** unweit der Jagahüttn hinauf folgen. Gipfelsammler können hier noch nach rechts starten, um den Stümpflinggipfel zu besuchen, den man am oberen Ende des Skilifts erreicht. Der Weg dorthin ist mit »First-Almen« beschildert, aber der Gipfel selbst ist nicht markiert.

Zum wichtigeren Gipfel unseres Tourentages, dem **Roßkopf** (1580 m), führt stattdessen ein angenehm breiter Wanderweg nach links. Nach zwei Serpentinen und vorbei an der **Stümpflingalm** ist das Gipfelkreuz auf einer Almwiese nicht zu übersehen, ein feiner Rastplatz mit einer weiten Aussicht: Unter uns liegen der Grünsee und natürlich der Spitzingsee mit seinen Bergen.

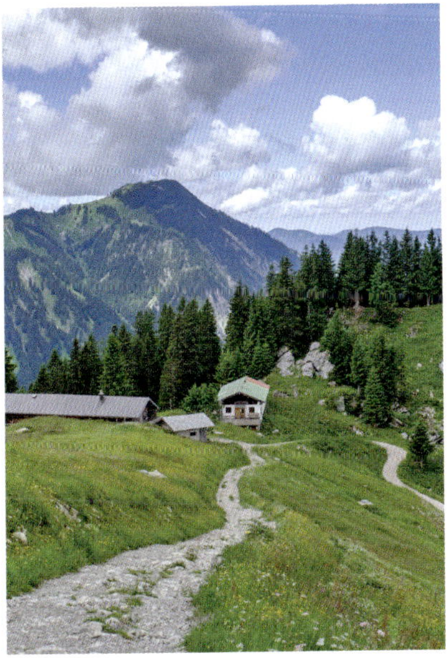

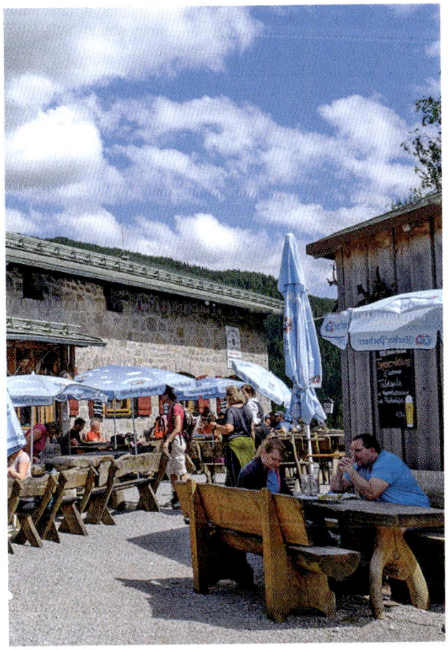

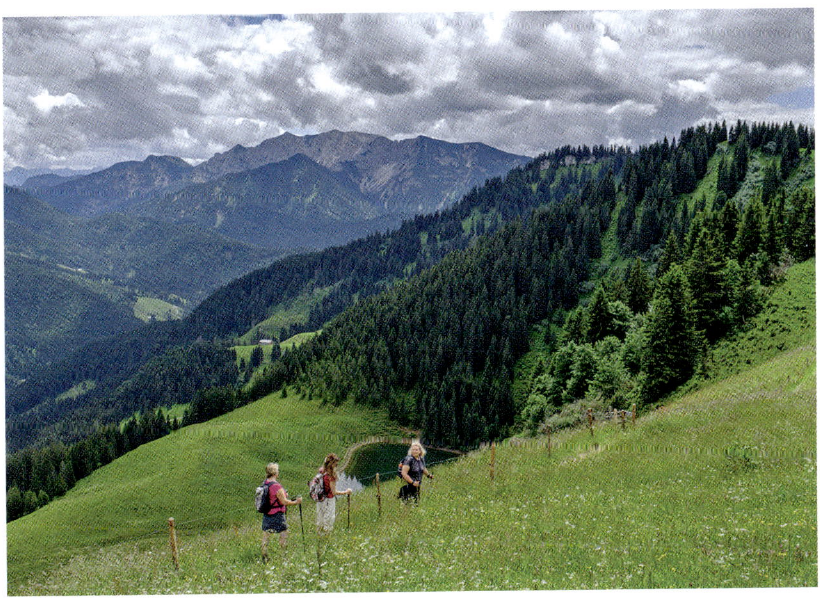

◀ Die Stümpflingalm unter dem Roßkopf
▶ Einkehrspaß auf der Albert-Link-Hütte
▼ Oberhalb vom Grünsee wandern wir zum Stolzenberg.

Nach der Pause folgen wir dem Wiesenpfad (Schild »Stolzenberg«) schnurstracks in südlicher Richtung entlang der Hangkante. Bald sind wir ohne großen Höhenverlust im lichten Bergwald unterwegs und staunen über den alten Baumbestand. Der wurzelige Pfad macht Spaß, und schließlich erreichen wir eine **Weggabelung am Stolzeneck** (1604 m). Wer abkürzen möchte, hält sich hier links und steigt gleich zu den Haushamer Almen ab. Doch der Weg hinüber zum Stolzenberg lohnt sich, denn nun ist man meist allein unterwegs. Langsam steigt der Pfad wieder an, und dann wird es urplötzlich zackig steil – Achtung, sollte der Untergrund feucht und rutschig sein, kann der Weg schwierig werden. Das Stück ist jedoch kurz und gut zu bewältigen. An seinem Ende ragen ein paar Steine aus dem Boden, und wir stehen am Höhenrücken des Stolzenbergs. Jetzt öffnet sich zwischen den Bäumen die Aussicht nach Süden hinüber zu den Blaubergen. Der Pfad wendet sich nach links und verläuft mit etwas Abstand zur Hangkante; nur an einer einzigen Stelle nähert er sich dem steil abfallenden Talkessel. Wir passieren eine Almwiese mit mächtigen Bergahornen. Auf dem Weiterweg genießen wir durch die Bäume hindurch immer wieder schöne Ausblicke, und schließlich passieren wir, ohne es zu merken, den **Stolzenberggipfel** (1609 m), der ebenso wie der Stümpfling nicht durch ein Kreuz markiert ist.

Der Weg senkt sich, und bald geht es an den steileren Abstieg. Wir wandern über Almflächen, und an manchen Stellen ist der Pfad recht ausgewaschen. Es lohnt sich, sich umzudrehen, denn nur von dieser Seite erkennt man den felsigen Aufbau des Stolzenbergs. Schließlich erreichen wir die **Haushamer Almen** (1314 m), bei denen ein breiterer Weg beginnt. Von links stößt noch der Weg vom Stolzeneck dazu, wir bleiben nun aber auf der Almstraße, die recht steil bergab führt. Unweit einiger Almgebäude erreichen wir an einer Wegkreuzung den weiten Talboden der **Valeppalmen**. Hier lohnt sich geradeaus der Abstecher zur **Albert-Link-Hütte** (1053 m), die mit ihrer herausragenden Küche zu einer Einkehr verführt. Zurück an der Wegkreuzung, folgen wir der Beschilderung Richtung Spitzingsee nach Norden und sind nun auf der **alten Bahntrasse der Bockerlbahn** unterwegs – ein angenehmer Tourenabschluss, denn wir wandern fast eben dahin. Dann biegen wir links zur großen Spitzing Lodge ab, auch wenn es hier kein Hinweisschild für die Bergbahn gibt. An der Lodge halten wir uns links, wandern ein letztes Mal leicht bergauf und erreichen gleich die **Talstation der Stümpflingbahn**.

Auf einen Blick

AUSGANGS-/ENDPUNKT

Talstation der Stümpflingbahn
GPS: 47.660301, 11.878122

ANFAHRT

ÖPNV: Mit der BRB nach Neuhaus am Schliersee und weiter mit Bus 9562 zum Spitzingsee
Auto: Die Talstation der Stümpflingbahn mit großem gebührenpflichtigem Parkplatz liegt am Südufer des Schliersees (über A 8, Ausfahrt Weyarn, und B 307 zu erreichen).

GEHZEIT UND SCHWIERIGKEIT

Bis zum Roßkopf leichte Bergtour, der Übergang zum Stolzenberg ist jedoch mit einem kurzen, sehr steilen Aufstieg als schwierig einzustufen – Trittsicherheit erforderlich! Entlang des Grats kommt man zwar nur an einer Stelle dem Abgrund nahe, wer aber extreme Höhenangst hat, könnte dort Schwierigkeiten bekommen. Insgesamt 4 Std., 11 km, 600 Hm (mit der Bahn spart man sich 300 Hm und 1 Std.)

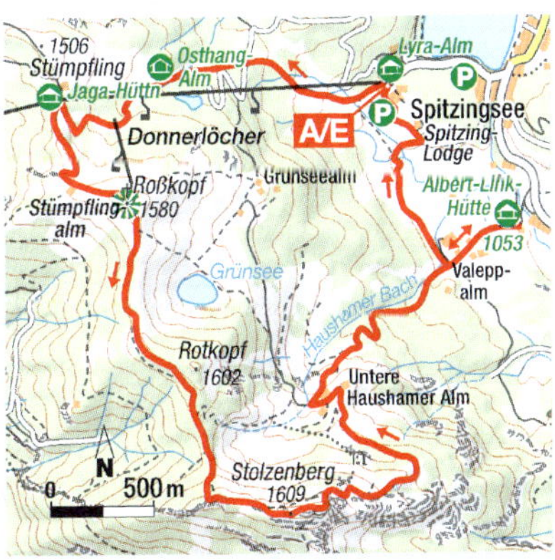

EINKEHR

Jagahüttn (jagahuettn.de) an der Bergstation. Beim Abstieg ist mit einem Abstecher die Albert-Link-Hütte erreichbar (Mo Ruhetag) – die Einkehr lohnt sich!

AUCH INTERESSANT

Die Bockerlbahn wurde 1919 nach einem verheerenden Winterföhnsturm, der fast 300 000 Bäume umwarf, in Rekordzeit erbaut – das Holz musste so schnell wie möglich ins Tal transportiert werden, und die Spitzingseestraße gab es damals noch nicht. Über einen Höhenunterschied von 320 m und auf einer Länge von knapp 12 km wurden die Baumstämme mit der Dampfbahn abtransportiert.

INFORMATION

alpenbahnen-spitzingsee.de;
tegernsee-schliersee.de

20

Wanderspaß am Jägerkamp

PANORAMABERG, ALMEN UND BADEVERGNÜGEN

Ein kunterbuntes Blütenmeer auf den Almwiesen, duftende Latschen und dazu beste Aussichten über die Gipfel rund um den Spitzingsee machen diese Tour zu einem unvergesslichen Wandertraum – ein Panoramaberg par excellence, besser geht es kaum!

Vom großen Parkplatz am **Spitzingsattel** laufen wir, vorbei am Kiosk, zu seinem hinteren Ende, wo ein schmaler Wiesenweg beginnt, der Richtung Jägerkamp/Aiplspitz ausgeschildert ist. Nach wenigen Gehminuten sind wir im Wald auf buckeligen Kalksteinen unterwegs – mitunter kann der Untergrund hier aber auch recht feucht sein. Dann verlassen wir den Wald und stapfen über eine Almwiese aufwärts, bald links der Beschilderung Richtung Jägerkamp/Schönfeldalmen folgend. Vor uns schweben die Kabinengondeln der Taubensteinbahn leise himmelwärts, unter uns liegt malerisch der Spitzingsee. Selbst im Hochsommer blühen die Wiesen noch immer in ihrer ganzen Pracht, Margeriten und Hornklee wechseln sich mit Sauerampfer ab, den die Kühe sichtlich verschmähen – ein wirklich schöner Wegabschnitt.

Es ist nun auch nicht mehr weit, dann erreichen wir die Ansammlung der **Schönfeldalmen**. Da es aber noch etwas zu früh zum Einkehren ist, queren wir, uns vor der ersten Hütte links haltend, den kleinen Talkessel. Das Gipfelkreuz am Jägerkamp ist hoch über unseren Köpfen schon gut zu sehen. Hier unterhalb der Felswände sammelt sich gern die Nässe – der ideale Nährboden für feuchtigkeitsliebende Alpenblumen. Nach den Oberen Schönfeldalmen

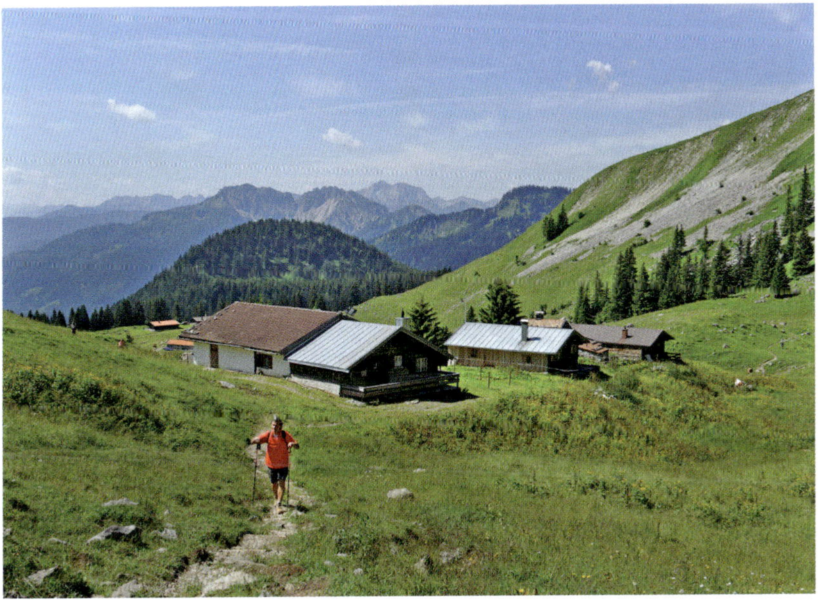

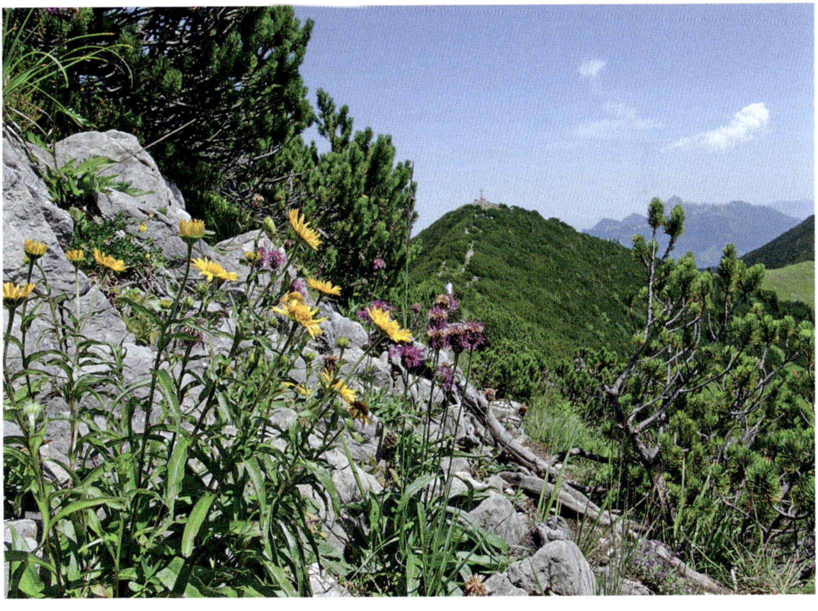

▲ Anstiegsweg über die Schönfeldalmen
▼ Viele Latschensträucher wachsen am Jägerkampgipfel.

steigt der Weg deutlich steiler an, jedoch wird uns die schweißtreibende Aufstiegsarbeit durch die schöne Aussicht versüßt – jeder gewonnene Höhenmeter gibt den Blick auf weitere Bergketten frei.

Etwas aus der Puste kommen wir zur Gratscheide – rechts würde man die Schnittlauchmoosalm und die Aiplspitz erreichen, wir aber bleiben links und wandern nun direkt auf den latschenbewachsenen **Jägerkampgipfel** zu. Bevor wir in das Gebüsch eintauchen, sehen wir zum ersten Mal über die Nordseite hinunter in die Ebene und hinüber zum Wendelstein. Dann stehen wir am Gipfelkreuz (1746 m) und genießen die grandiose Rundumschau – an klaren Tagen ist von hier nicht nur München, sondern zur anderen Seite hin auch der Großvenediger zu sehen!

Für den Abstieg wählen wir den etwas längeren Weg, der zunächst fast eben durch das Latschenfeld führt. Im Sommer verströmen die harzigen Latschenkiefern und die vereinzelten Wacholderbüsche einen betörend würzigen Duft. Auch sie sind wahre Überlebenskünstler, denn auf dieser Höhe ist die Luft für viele Nadelgehölze bereits so dünn, dass sich die meisten wegen des Sauerstoffmangels nicht halten können. Zudem erschwert der karge Boden, der nicht viel Wasser speichern kann, das Leben am Berg. In einem Bogen talabwärts wandernd, erreichen wir die **Jägerbauernalm**, die idyllisch in einer grünen Senke eingebettet liegt. Wenn sie bestoßen ist, bekommen wir sicherlich bei der freundlichen Sennerin etwas zu trinken und vielleicht auch etwas zu essen.

Für den weiteren Abstieg folgen wir dem Pfad, der links von der Hütte hinunterzieht. Wir wandern nun in direkter Luftlinie auf den Schliersee zu und umrunden einen Wiesenbuckel. Dann wendet sich der Weg nach rechts, und wir erreichen einen lichten Wald. Jetzt wird der Untergrund ähnlich steinig wie beim Aufstieg. Schnurstracks geht es hinab zur großen Autostraße, die zum Spitzingsee führt. Für den letzten Kilometer müssen wir der Straße bergauf, also nach links folgen – das ist bei dem vielen Verkehr leider nicht mehr ganz so lustig. Wer darauf keine Lust hat und stattdessen einen kleinen Umweg in Kauf nehmen will, folgt der Straße ganz kurz nach rechts, um dann links auf die Alte Spitzingstraße einzubiegen. Kurz drauf erneut links haltend, führt uns diese parallel zur Hauptstraße, aber ohne lästigen Verkehr ebenfalls aufwärts zum **Spitzingsattel**, unserem Ausgangspunkt.

Wer nach der Tour noch Lust aufs Baden hat, kann im Sommer in den Spitzingsee hüpfen. Das erfrischende Wasser belebt unsere müden Beine!

Auf einen Blick

AUSGANGS-/ENDPUNKT

Parkplatz am Spitzingsattel
GPS: 47.672076, 11.886519

ANFAHRT

ÖPNV: Von München mit der BRB nach Neuhaus am Schliersee und weiter mit Bus 9562 zum Spitzingsee
Auto: Über A 8 (Ausfahrt Weyarn) und B 307 zum Schliersee, weiter nach Neuhaus und kurz nach dem Ort rechts über die Spitzingstraße zum Spitzingsee. Direkt am Sattel gibt es einen größeren gebührenpflichtigen Parkplatz.

GEHZEIT UND SCHWIERIGKEIT

Mittelschwere, aussichtsreiche Rundtour auf teils steinigen Bergpfaden (4.30 Std., 8,5 km, 700 Hm). Der steilere Abschnitt ist sehr der Sonne ausgesetzt.

EINKEHR

Unterwegs mehrere Almen, z. B. die Schönfeldhütte oder (unser Tipp!) die Jägerbauernalm, die nur in den Sommermonaten bestoßen wird (dann gibt es Getränke und leckere Brotzeiten, s. rechts oben)

NOCH WICHTIG

Bei der Jägerbauernalm handelt es sich um eine richtige Alm und nicht um einen Berggasthof – d. h., die Sennerin muss alles, was sie für sich selbst und ihre Gäste braucht, zu Fuß herauftragen. Ihre Hauptarbeit besteht im Hüten der Tiere (meist Rinder) und nicht im Verköstigen hungriger Bergsteiger. Um komplizierte und bürokratische Hürden des Ausschankrechts zu umgehen, zeichnen einige Senner ihr Angebot nicht mit Preisen aus, sondern man bezahlt auf Spendenbasis – angesichts der Mühsal, mit der die Lebensmittel hier heraufgebracht werden, nur fair!

INFORMATION

tegernsee-schliersee.de

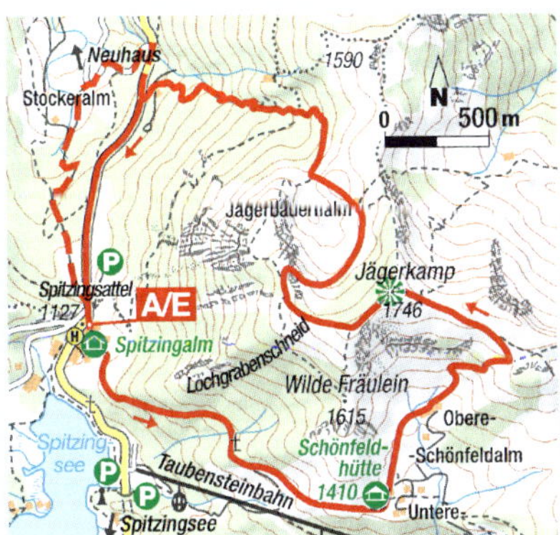

21

Taubenstein und Rotwand

ZWEI GLÜCKSGIPFEL UND EIN ALPENVEREINSHAUS

Die Wanderung über den Taubenstein zur Rotwand ist ein Klassiker in den bayerischen Hausbergen. Die Aussicht auf die Berge rund um den Spitzingsee lassen keine Wünsche offen, für eine angenehme Einkehr sorgt das Rotwandhaus, und zur erfrischenden Abkühlung hüpft man am Ende noch in den Spitzingsee.

Damit die Tour nicht zu anstrengend wird, nehmen wir heute die **Taubensteinbahn** zu Hilfe, deren Gondeln uns bequem zur **Bergstation** unter dem Taubensteingipfel hinaufbringen. Von dort wandern wir auf dem kurvigen Bergpfad durch Latschen in östliche Richtung und erreichen mit wenigen Schritten den kleinen felsigen Aufbau des **Taubensteingipfels** (1692 m). Es macht Spaß, ihn mittels einer kleinen Kraxeleinlage an einem Drahtseil zu erobern – das ist nicht schwer und sicherlich gut zu schaffen. Nur oben auf dem Felsgipfel muss man dann aufpassen, denn dieser fällt nach Westen hin doch recht steil ab.

Zurück von der ersten Gipfeleroberung, folgen wir dem Pfad weiter in Wanderrichtung. Es gibt wenig Schatten, aber zum Glück steigt der Weg zunächst nur leicht an und zieht sich nahezu eben am Hang entlang. So erreichen wir auf einem Sattel eine Wegkreuzung, zu der sich der Kamm der Rotwand hinunterzieht. Jetzt steuern wir nicht direkt das Rotwandhaus an, sondern halten uns ganz links und marschieren unterhalb der felsigen Rotwände auf einem schmalen Pfad weiter – das in Sichtweite liegende Rotwandhaus werden

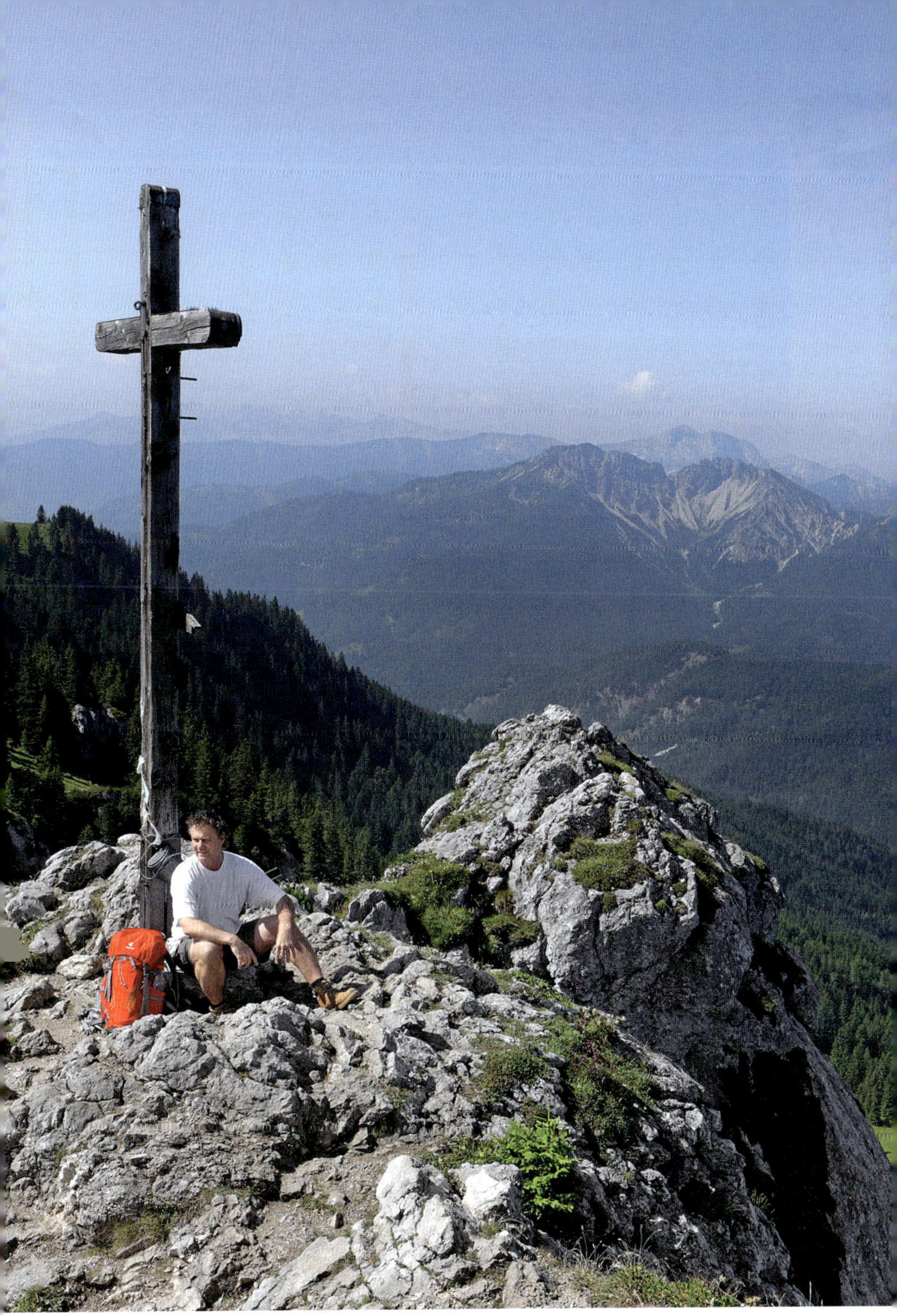

Kleine Kletterpartie auf den Taubenstein

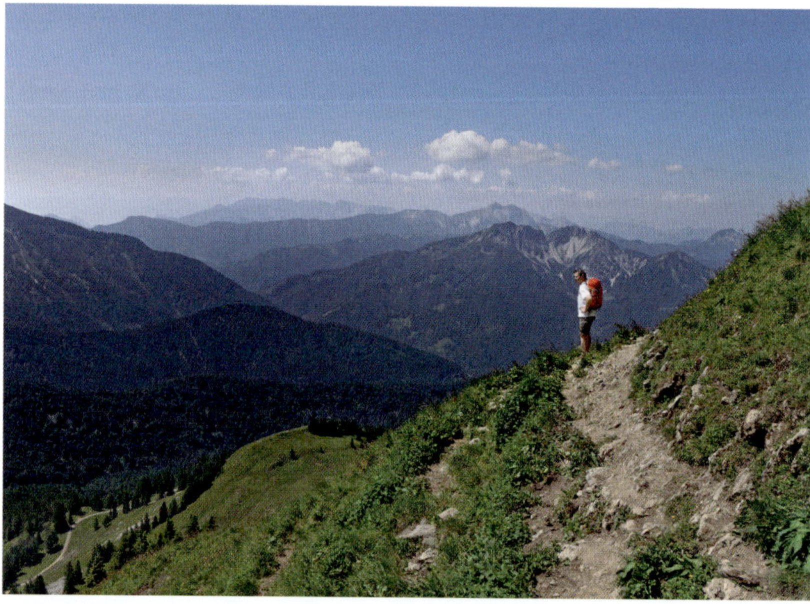

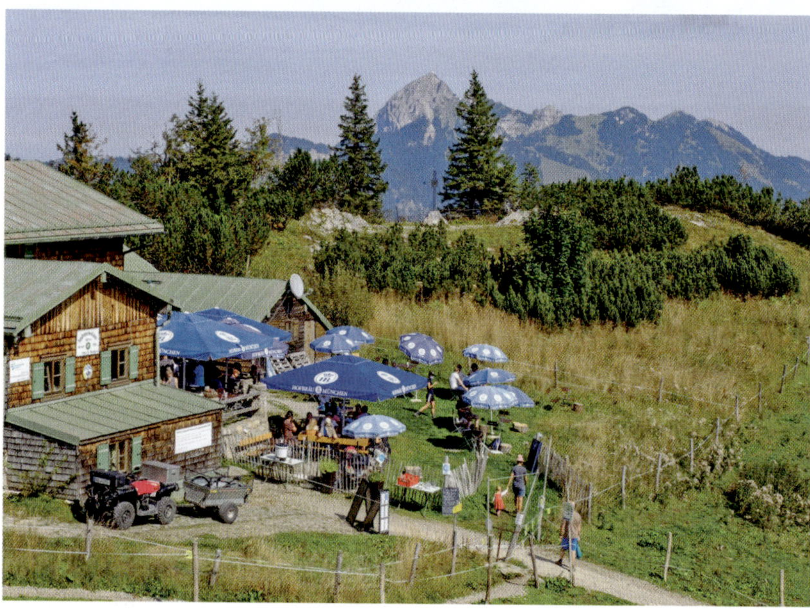

▲ So lieben wir die Berge!
▼ Ein Abstecher führt zum Taubensteinhaus.

wir erst nach der Gipfelbesteigung besuchen. Unser kleiner Pfad vereint sich mit dem, der vom Rotwandhaus heraufführt, und wir wandern, uns links haltend, den etwas steileren Abschnitt hinauf zum Rotwandgipfel. Ganz oben, direkt unterhalb des Gipfels, muss man ein paar Mal die Hände zu Hilfe nehmen, dann haben wir es geschafft und stehen auf dem höchsten Gipfel im bayerischen Teil des Mangfallgebirges, der **Rotwand** (1884 m).

Seinen Namen hat der Gebirgszug, zu dem die Rotwand gehört, im Übrigen vom Fluss Mangfall, der die Berge zwischen dem Tegernsee, wo er entspringt, und dem Inn, in den er entwässert, zumindest im Norden begrenzt. Bei unserer Wanderung fällt auf, dass wir ungewöhnlich viele Almen passieren: Am Ende der Eiszeit lagerte der Inngletscher zwischen den Gipfeln große Mengen an Gesteinsschutt ab und ebnete zwischen den aufragenden Gipfeln damit große Flächen ein – was ideal ist für die sommerliche Viehhaltung, auch wenn der Boden oft karg und steinig ist. Oben am Rotwandgipfel fällt die Orientierung leicht, denn eine große Bronzetafel zeigt uns sämtliche Berge rundum. Der Fernblick ist überragend: Von den Berchtesgadener Alpen über die Tauern und die Zillertaler Alpen bis natürlich hin zum Karwendel- und Wettersteingebirge können wir hier blicken und dabei alles benennen, was an Bergprominenz Rang und Namen hat.

Nach der Schaurast ist der Weg vom Gipfel zum **Rotwandhaus** (1737 m) nicht zu verfehlen. Das Alpenvereinshaus wurde vor einigen Jahren auf autarke Energieversorgung umgestellt, d. h., der gesamte Energiebedarf des Hauses wird durch Photovoltaik und Windkraft gedeckt. Das Dieselaggregat, das früher den ganzen Tag lief und mit seinem Gestank die Umgebung verpestete, muss heute nur noch in Notfällen angeworfen werden. An Schönwettertagen kann es hier schon einmal sehr voll werden, dann sollten wir etwas Geduld aufbringen, wenn wir aufs Essen ein wenig warten müssen – denn das lohnt sich, setzt der Wirt und Koch Peter Weihrer doch auf lokale Erzeugnisse für seine typisch bayerischen und Tiroler Gerichte.

Für den Rückweg müssen wir uns entscheiden: Am einfachsten und bequemsten für unsere Knie ist der Weg zurück zum Taubenstein und die Abfahrt mit der Bahn. Ansonsten beginnt der Abstieg vor dem Rotwandhaus: Auf dem breiteren unteren Almweg wandern wir links an der **Wildfeldalm** (1551 m) vorbei und durch den Wald in weiten Serpentinen talwärts. Über einer Waldlichtung taucht nochmals der Taubenstein auf, dann kommen wir nach einem ziemlich langen Marsch zur geteerten Almstraße, über welche die Schwarzenkopf- und die Schönfeldhütte versorgt werden. Wir folgen der Almstraße nach rechts, und unser Weg steigt nochmals minimal an. Dann passieren wir die **Untere Maxlraineralm** und erreichen die **Schwarzenkopf- und die Jubiläumshütte**, an denen der breitere Weg endet. Für uns geht es links von der kleinen Kapelle zwischen den beiden Berghäusern, die als Erholungsheime für die Bayerische Polizei dienen, weiter.

Durch ein Waldstück erreichen wir eine Schneise neben der Taubensteinbahn, einstmals die Skipiste, die aber schon vor einigen Jahren stillgelegt wurde und jetzt im Winter nur noch von Tourengehern benutzt wird. Ohne die Lifttrasse zu unterqueren, beginnt nach links der finale Abstieg. Der Weg ist stellenweise recht ausgetreten, aber trotzdem noch gut zu begehen. Bald sehen wir wieder unseren Ausgangspunkt an der **Talstation der Taubensteinbahn** unweit des Spitzingsees, den wir jetzt direkt ansteuern.

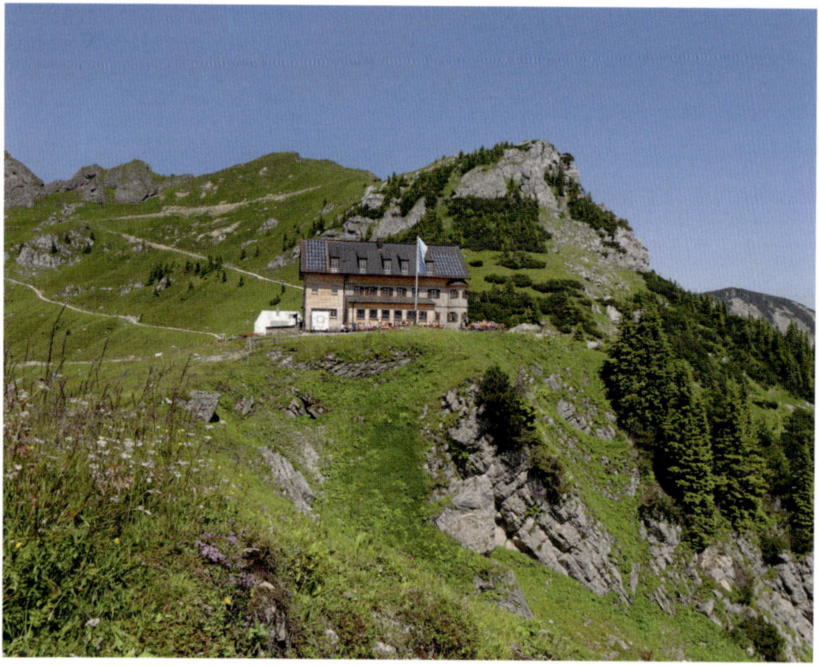

Groß ist das Rotwandhaus des Deutschen Alpenvereins.

Auf einen Blick

AUSGANGS-/ENDPUNKT

Talstation der Taubensteinbahn am Spitzingsee
GPS: 47.666273, 11.889103

ANFAHRT

ÖPNV: Von München mit der BRB nach Schliersee/Neuhaus und weiter mit Bus 9562 zum Spitzingsee, Haltestelle Taubensteinbahn
Auto: A 8 (Ausfahrt Weyarn) und B 307 zum Schliersee, weiter nach Neuhaus und kurz hinter dem Ort rechts hinauf zum Spitzingsee. An der Taubensteinbahn gibt es einen großen Wanderparkplatz.

GEHZEIT UND SCHWIERIGKEIT

Mittelschwere, längere Bergwanderung, auch mithilfe der Bergbahn (4 Std., 11 km, 400 Hm bergauf, 950 Hm bergab). Die Wege sind einfach zu begehen, nur für die Gipfel (kleine Kraxeleinlagen) muss man trittsicher sein. Der Abstieg ist nicht allzu steil und verläuft über eine Almstraße.

EINKEHR

Das Rotwandhaus hat bis auf seinen Betriebsurlaub fast das ganze Jahr über geöffnet (rotwandhaus.de).

NOCH WICHTIG

Wer im Aufstieg ein paar mehr Höhenmeter machen will, kann auch von der Talstation der Taubensteinbahn zu Fuß starten: Direkt unterhalb der Bahn verlaufend, ist der Weg gut ausgeschildert. Die Bahn fährt übrigens nur vom Frühjahr bis zum Herbst, im Winter ist sie stillgelegt.

INFORMATION

alpenbahnen-spitzingsee.de;
tegernsee-schliersee.de

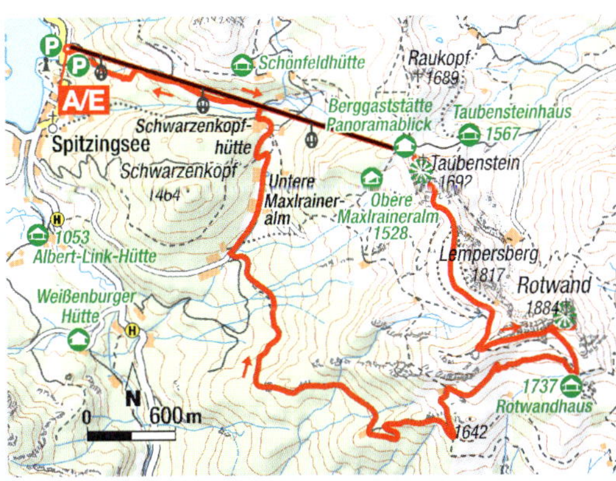

22

Von Fischbachau auf den Breitenstein

WENIGER POPULÄR UND DOCH SPEKTAKULÄR

Auf den Breitenstein führt keine bequeme Zahnradbahn wie auf den benachbarten Wendelstein, wahrscheinlich ist er deshalb nicht so überlaufen. Trotzdem bietet er gleich drei bewirtschaftete Almen, und die herrliche Aussicht vom Gipfel steht der des Wendelsteins in nichts nach.

Vom **Wanderparkplatz Birkenstein** gehen wir zur Fahrstraße hinauf, auf der wir hergefahren sind, wenden uns nach rechts und folgen dem Wegweiser »Kesselalm/Breitenstein« bergan auf dem breiten Weg durch den Wald, der im Winter eine gern genutzte Rodelstrecke ist. Es geht über mehrere kleine Bachbrücken, dann erreichen wir die beliebte **Kesselalm** (1285 m), die schon eher einem kleinen Berggasthaus gleicht. Hinter der Alm liegt auf einer vorgeschobenen Felskanzel eine kleine Aussichtskapelle – bereits von hier öffnet sich der Blick über das Leitzachtal, das mit seinen verschiedenfarbigen Feldern einem bunten Flickenteppich gleicht. Vor uns sehen wir den bewaldeten Schliersberg und nach links die Berge rund um den Spitzingsee.

Haben wir uns an der Aussicht sattgesehen, geht es auf der kleinen Almstraße weiter zum Sattel zwischen Breitenstein und Schweinsberg mit einem ersten Blick zum Wendelstein, dessen markante Felsformen samt Antennen zu einem der Wahrzeichen der bayerischen Alpen wurden. An der Talstation der Hubertushütte-Materialseilbahn wenden wir uns nach links und wandern über die Wiesen aufwärts. Trotz der schroffen, abschreckenden Felswände

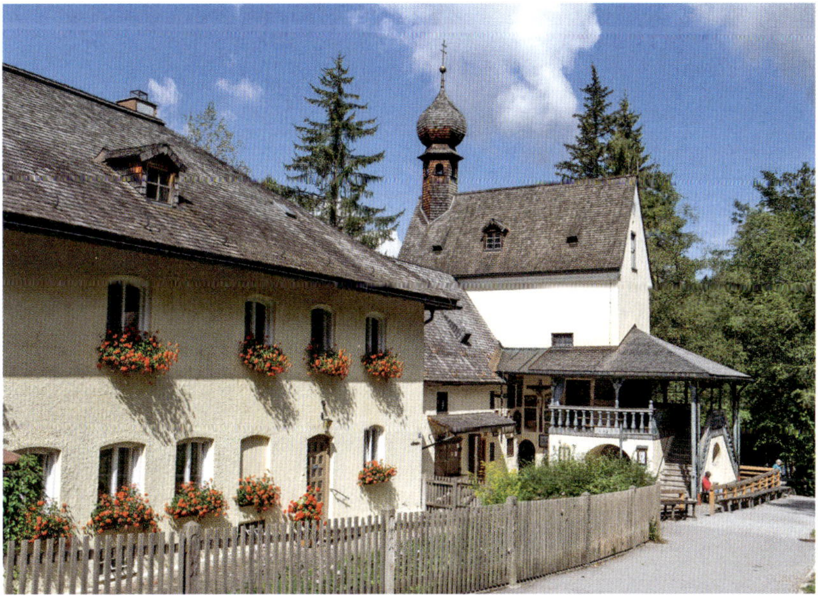

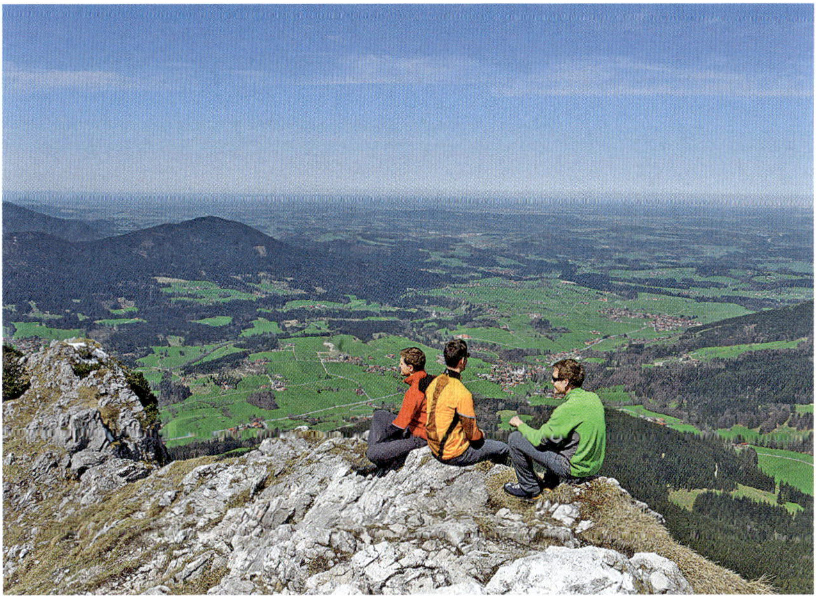

▲ Unweit der Wallfahrtskirche Maria Birkenstein beginnt der Aufstieg.
▼ Gipfelglück am Breitenstein

haben wir keine Kletteraktion zu befürchten, denn der Weg ist geschickt angelegt, und wir erreichen ohne jede Schwierigkeit die urige **Hubertushütte** (1542 m). An klaren Tagen genießen wir von den hölzernen Terrassenbänken den schönen Ausblick und können mit etwas Glück sogar den eisbedeckten Großvenediger in den Hohen Tauern erkennen. Die Hütte duckt sich förmlich unter dem nur 80 Meter höheren Gipfel des **Breitensteins** (1622 m) - dieser lässt sich nun schnell erobern, und wir dürfen uns bei einer Gipfelbrotzeit über den 360°-Panoramablick freuen.

Zurück geht es erst einmal zur **Hubertusalm**, dann wandern wir nach rechts Richtung Bucheralm weiter. Zunächst spazieren wir fast eben über den idyllischen Almboden hinüber zu einem mächtigen Bergkreuz; dahinter verliert der Weg steil bergab rasch an Höhe. Wir wandern über Wiesen und dann ein kurzes Stück durch den Wald und stehen bald an der **Bucheralm** (1232 m).

Der Weiterweg beginnt nach dem Haus links und führt gemütlich im Wald bergab. Nach der Abzweigung Schwaigeralm/Ellbach kreuzen wir eine Forststraße und kommen gleich darauf zur nächsten, die sich an dieser Stelle gabelt. Etwas links versetzt, gehen wir auf der Straße weiter und stehen nach ein paar Metern vor einer Schranke, die wir bereits beim Aufstieg passiert haben. Nun geht es nach rechts auf dem bekannten Weg zum **Wanderparkplatz Birkenstein** zurück.

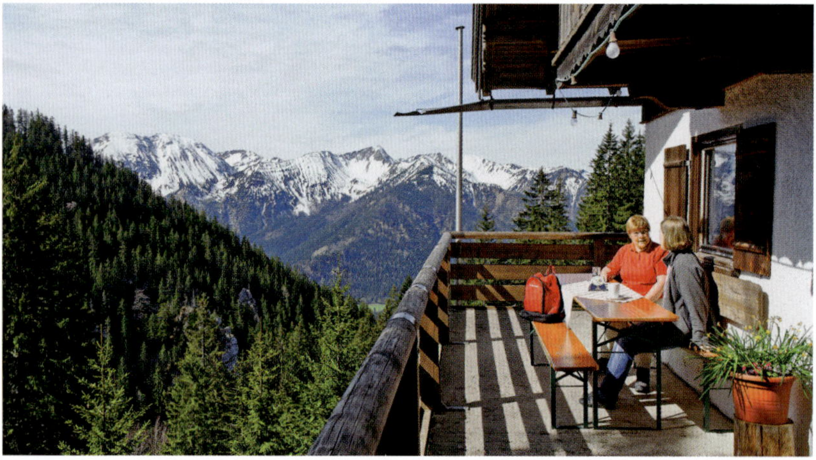

Auf der Kesselalm

Auf einen Blick

AUSGANGS-/ENDPUNKT

Wanderparkplatz Birkenstein
GPS: 47.712311, 11.963968

ANFAHRT

ÖPNV: Mit der BRB nach Fischbachau/Hammer, mit Bus 9552 in die Ortsmitte und zu Fuß in ca. 10–15 Min. auf der Birkensteinstraße zum Ausgangspunkt
Auto: Vom Schliersee auf der B 307 über Aurach nach Fischbachau und dort rechts nach Birkenstein; großer Wanderparkplatz zum Ende der Straße auf der rechten Seite

GEHZEIT UND SCHWIERIGKEIT

Mittelschwere, aber technisch einfache Runde auf breiten Almwegen und kleinen Pfaden (4 Std., 10 km, 750 Hm)

EINKEHR

Kesselalm (kesselalm-fischbachau.de), Hubertushütte, Bucheralm

AUCH INTERESSANT

Die Wallfahrtskirche Maria Birkenstein liegt nur wenige Gehminuten von unserem Ausgangspunkt entfernt. Neben Tuntenhausen gilt die Kapelle von Birkenstein mit ihrem Gnadenbild als einer der wichtigsten Wallfahrtsorte im bayerischen Oberland. An ihren Wänden findet man unzählige Votivbilder aus allen Epochen, jedes erzählt eine meist sehr persönliche und oft dramatische Geschichte. Das Innere der Kirche ist überschwänglich im Rokokostil dekoriert, und um das Gnadenbild, eine spätgotische Marienfigur, schwirren viele kleine Putten. Ein Besuch lohnt sich!

INFORMATION

fischbachau.de; maria-birkenstein.de

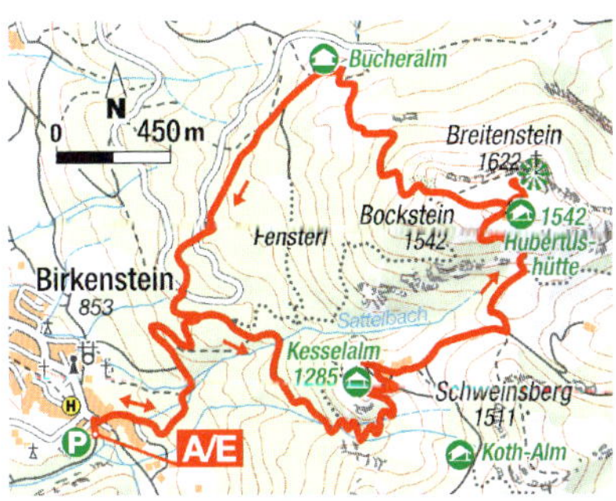

23

Auf den Farrenpoint bei Bad Feilnbach

DURCH DAS ALMENPARADIES ZUM VORALPENGIPFEL

Sich direkt über der Mangfallebene und den Moorflächen von Bad Feilnbach erhebend, ist der Farrenpoint ein aussichtsreicher Vorberg, und von seinem Gipfelplateau, das man fast das ganze Jahr über erreichen kann, blickt man weit hinaus ins Voralpenland. Versüßt wird die Tour durch zahlreiche Almen.

Für die Wanderung zum Farrenpoint gehen wir vom **Wanderparkplatz Oberes Jenbachtal** ein Stück auf der Bergstraße weiter und halten uns dann am Waldrand entlang links. Die Hillsteiner Alm, über die wir später zurückkommen werden, ist schon ausgeschildert. Kurz darauf queren wir den Jenbach, dann teilt sich die kleine Almstraße. Jetzt halten wir uns links (Schild »Farrenpoint über Walchalm«) und folgen dem steil ansteigenden Weg, der zum Glück schattig durch den Wald führt. Nach einigen Kurven stößt von links ein Wanderweg zu unserem. Wir bleiben in Wanderrichtung und genießen bald die ersten Blicke über das Tal nach Süden. Noch ist der Wendelstein durch die Salwand verdeckt, aber mit jedem Schritt bergan rückt der markante Gipfel mit den Antennen präsenter ins Sichtfeld. Nicht mehr lange und wir stehen auf den Almwiesen unterhalb von Walchalm und Hansenalm, wo wir uns im frühen Sommer über ein Blumenmeer freuen dürfen. Hier endet der bequeme Weg, und ein Steig bringt uns nun, leicht links haltend, über die Wiesen zur **Walchalm** (1029 m). Dahinter treffen wir wieder auf einen breiteren Almweg, dem wir nach rechts zur idyllischen **Hansenalm** mit ihrer Kapelle folgen.

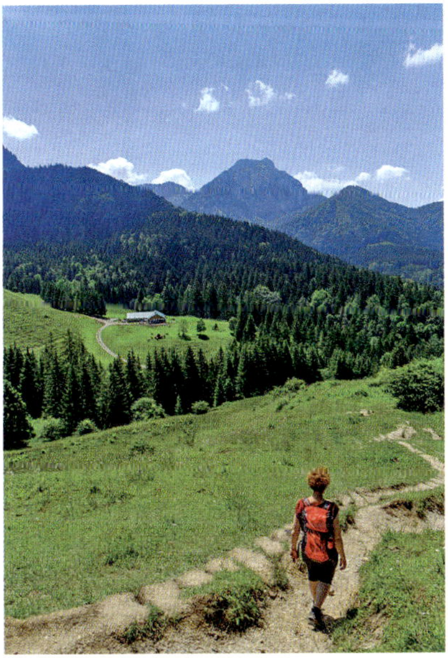

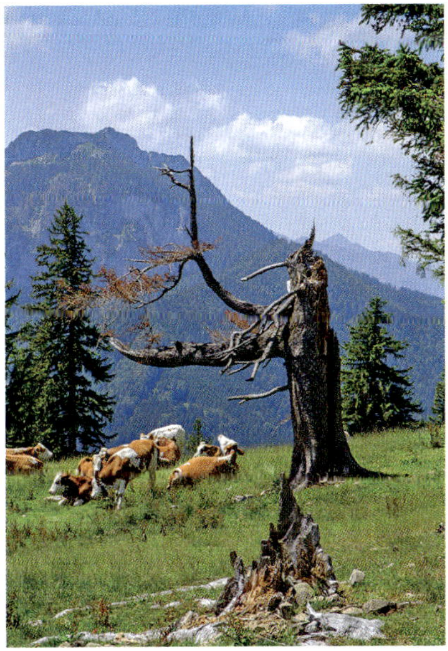

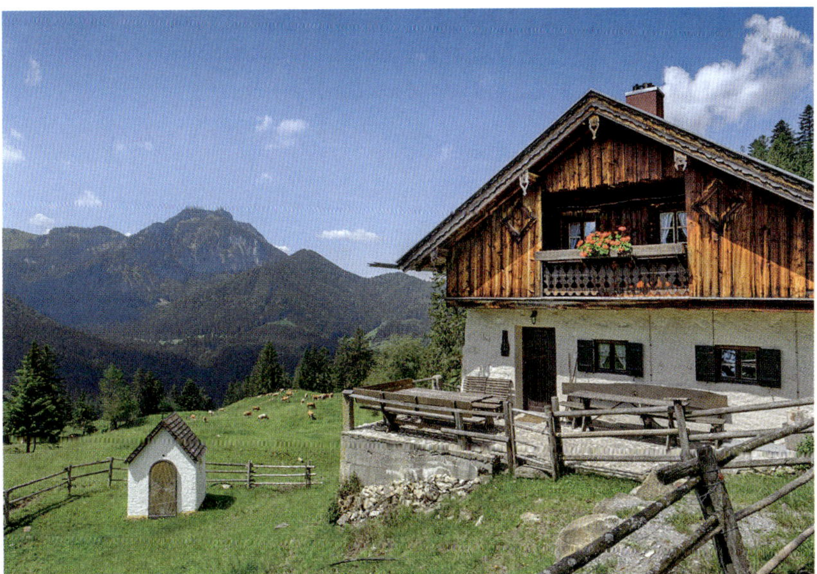

◀ Abstieg über den Niggelsteig
▶ Kühe weiden auf dem großen Gipfelplateau.
▼ Die Hansenalm am Farrenpoint

Von dort geht es noch ein Stück auf dem Almweg nach Osten, dann biegen wir links auf einen kleinen Steig ab (Schild »Farrenpoint«), der uns etwas steiler den Berghang hinaufführt. Erst nach den Bäumen wird es wieder flacher, und wir erreichen an der **Huberalm** mit ihrem kleinen Weiher den Gipfelbereich des **Farrenpoints** (1273 m). Zum Gipfelkreuz sind es nun nur noch wenige Höhenmeter über eine Almwiese, dann haben wir es geschafft – herrlich öffnet sich jetzt der Blick nach Norden über die Ebene auf die unzähligen Dörfer im Mangfalltal. Neben dem tollen Panorama begeistert uns am Farrenpoint sein großzügiger Gipfelbereich, wo auf der grünen Wiese jeder Bergsteiger sein Plätzchen findet und so den Moment ganz ohne Trubel genießen kann. Wer sich seinen Rastplatz etwas östlich des Kreuzes sucht, kann sogar einen Blick hinüber zum Chiemsee erhaschen.

Nach der Rast wandern wir auf demselben Weg über die **Huberalm** zurück zu der Stelle, wo wir auf den Steig abgebogen sind. Hier kreuzen sich nun mehrere Wege: Wir bleiben in südlicher Richtung und folgen dem bequemeren Weg mit der Beschilderung »Hillsteiner Alm«. Kurz drauf verlassen wir diesen Weg jedoch nach rechts auf einen kleinen Steig, den **Niggelsteig**, der uns steil bergab bringt. Rechts von uns fällt der Hang an einigen Stellen ziemlich stark ab – trittsicher sollte man hier schon sein. Wer genau hinsieht, kann die Hillsteiner Alm am Talboden bereits sehen. Die Abzweigung zur Antretteralm ignorieren wir und steigen schon bald die letzten Meter im Zickzack über die Almwiese hinunter zu einer Forststraße. Für den Einkehrschwung folgen wir ihr nach links und erreichen mit einem letzten kleinen Bergauf die **Hillsteiner Alm** (917 m, auch Hillstoaner Alm), durch deren Türe wir unsere Bestellung aufgeben dürfen – eine Speisekarte sucht man vergeblich, es ist eben eine echte Alm und kein Berggasthof. Die Sennerin Marie serviert routiniert aus ihrer Küche heraus. So dauert es nicht lange, und schon sitzen wir, mit Käsebrot und Hefezopf versehen, auf der Terrasse vor dem Haus. Der Blick schweift wieder hinauf zum Farrenpoint und natürlich auch zu den neugierigen Kälbern, die direkt vor dem Haus ihren Brunnen haben.

Nach der Rast geht es auf demselben Almsträßchen zurück. An der Einmündung des Niggelsteigs bleiben wir nun geradeaus, queren über Steine einen flachen Bach und treffen wieder auf den bekannten Hinweg. Geradezu als Kinderspiel entpuppt sich jetzt der Rückweg, sodass wir nach ca. 20 Minuten ab der Alm wieder am Ausgangspunkt, dem **Wanderparkplatz**, stehen.

Auf einen Blick

AUSGANGS-/ENDPUNKT

Wanderparkplatz Oberes Jenbachtal bei Bad Feilnbach
GPS: 47.738412, 12.017341

EINKEHR

Hillsteiner Alm (Ende Mai bis Kirchweih, wenn Tiere auf der Alm sind und die Sennerin da ist, täglich geöffnet)

ANFAHRT

ÖPNV: Mit dem Zug nach Bad Aibling und weiter mit Bus 9580 nach Bad Feilnbach, Wanderung dann von dort durchs Jenbachtal starten (sehr schöner Weg, aber zusätzliche 2.30 Std. Wanderzeit)
Auto: A 8 bis Ausfahrt Bad Feilnbach und vom Ort auf der Wendelsteinstraße ins Jenbachtal. Vom Wanderparkplatz Unteres Jenbachtal auf der kleinen Almstraße (rechte Seite des Bachs) zum oberen Parkplatz fahren

NOCH WICHTIG

Direkt von unserem Ausgangspunkt lohnt sich ein Abstecher über den Jenbachsteig zum gleichnamigen Wasserfall. Der Jenbach hat hier eine gewaltige Schneise in die Bergflanke geschnitten, sodass eine Schlucht entstanden ist. Für die kurze Runde muss man jedoch trittsicher sein, denn Achtung: Der Weg entlang des Wassers kann sehr rutschig sein!

GEHZEIT UND SCHWIERIGKEIT

Leichte Bergtour auf Forstwegen, Almsträßchen und kleinen Bergpfaden (3 Std., 8 km, 420 Hm). Beim steilen Abstieg über den Niggelsteig muss man trittsicher und etwas schwindelfrei sein – Wanderer mit extremem Höhenschwindel könnten hier Schwierigkeiten haben, der Weg fällt auf einem kurzen Stück zu einer Seite hin steil ab.

INFORMATION

bad-feilnbach.de

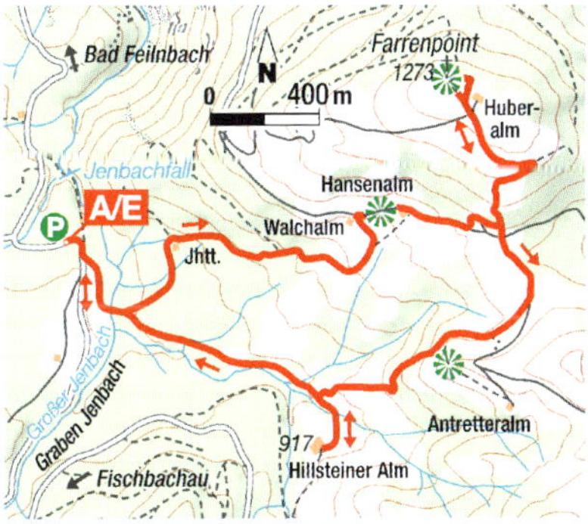

24

Auf den Wendelstein

BEGEHRTES BERGZIEL
FÜR DIE TO-DO-LISTE

Zugegeben, es gibt idyllischere Berge mit mehr Almwiesen und ruhigeren Gipfelplätzchen, aber der Wendelstein ist durch seinen felsigen Gipfelaufbau samt Antennen eine so herausragende Landmarke, dass er zu den Zielen zählt, die man als Bergsteiger einmal im Leben besucht haben sollte.

Dabei gibt es mehrere Möglichkeiten, um auf den Wendelstein zu gelangen. Zum einen ist da die Gondelbahn, die unweit von Bayrischzell auf den Berg fährt. Spektakulärer und vor allem für Technikfans ein Muss ist die Auffahrt mit der über 110 Jahre alten Zahnradbahn ab Brannenburg im Inntal. Wer möchte, gönnt sich sowohl die Auf- und Abfahrten und wagt am Wendelstein selbst dann nur den Gipfelsturm oder erwandert den Panoramarundweg. Man kann sogar die Zahnradbahn mit der Gondelfahrt kombinieren und nutzt dann für die Rückfahrt zum Ausgangspunkt den Bus der Wendelstein-Ringlinie.

Sicher ist aber auch, dass die Besteigung des Wendelsteins aus dem Tal ein unvergessliches Erlebnis ist, z. B. ab Bayrischzell als kürzeste Variante. Es lohnt sich jedoch, in Brannenburg zu starten, denn ab dort ist man einsamer unterwegs und könnte, falls einem doch die Kondition ausgeht, noch an der Mittelstation in die Bahn wechseln. Deshalb beginnen wir unsere Wendelstein-Besteigung am **Talbahnhof der Zahnradbahn**, wo wir rechts vom Gebäude das erste Hinweisschild auf den Wendelstein entdecken. Entlang einer Wiese und durch den Weiler **Waching** erreichen wir aufwärts das uralte Kirchlein **St. Margarethen** auf einem kleinen Hügel. An der Kirche vorbei gehen wir nach unten zur Straße, folgen ihr nach links und biegen beim nächsten Weiler

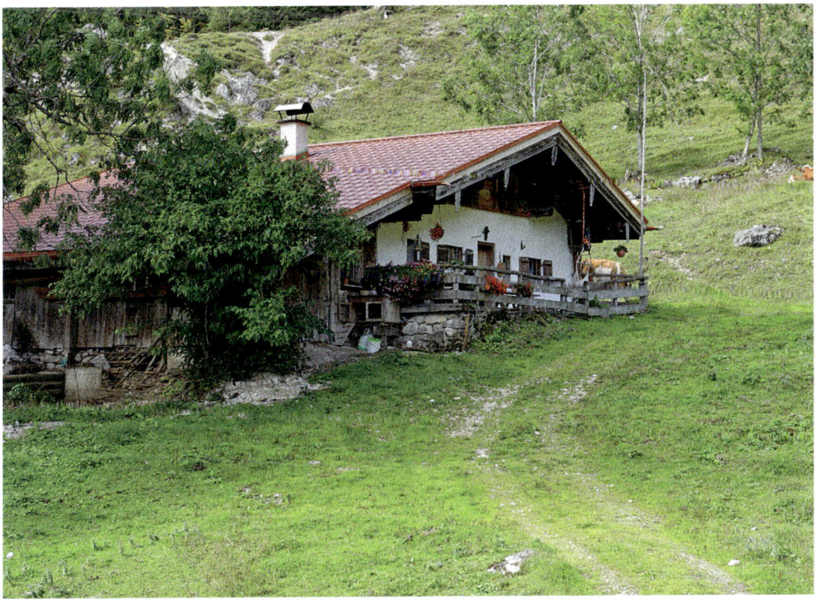

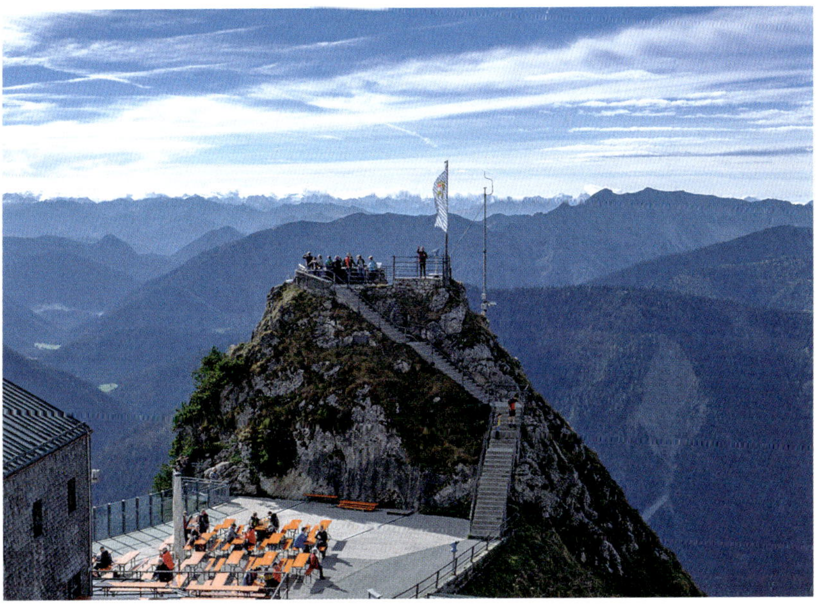

▲ Die Mailalm liegt am Weg zum Gipfel.
▼ Der Aussichtsfelsen heißt Gacher Blick.

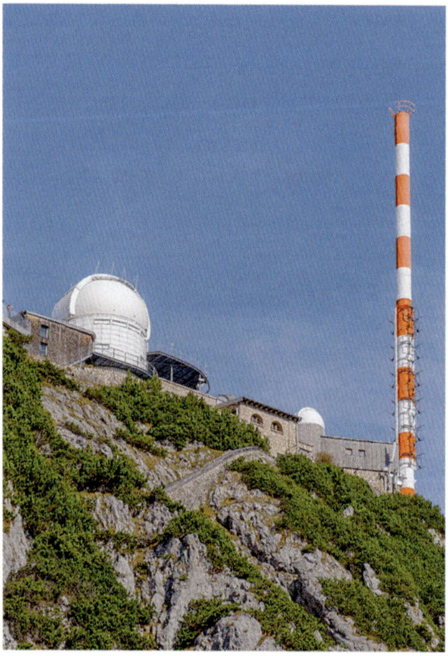

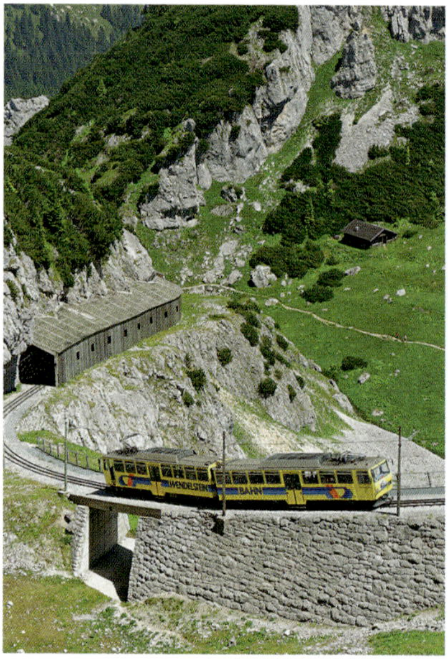

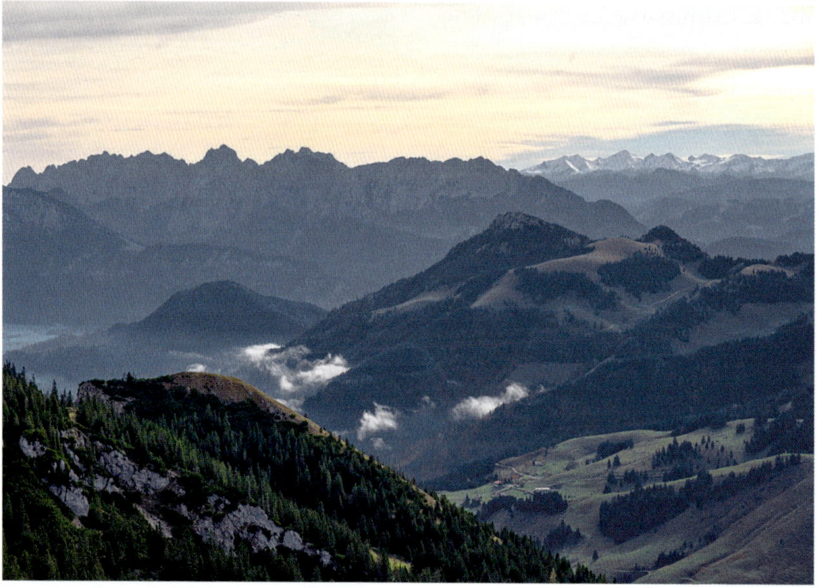

◀ Den Wendelsteingipfel zieren Antennen und eine Sternwarte.
▶ Die Wendelsteinbahn ist eine technische Meisterleistung.
▼ Die Aussicht auf den Wilden Kaiser und die österreichischen Alpen ist überragend.

mit dem Namen **Krapf** rechts ab. Die breitere Straße wendet sich nach links – hier bleiben wir geradeaus und folgen dann dem Linksbogen in den Wald.

Jetzt kann man den Weg nicht mehr verfehlen. Er quert die Zahnradbahn und trifft bei der **Bedarfshaltestelle Aipl** (972 m) erneut auf die Gleise. Wieder überqueren wir sie, und gleich dahinter bieten uns die Wegweiser zwei Varianten an: Der linke Weg sieht zunächst sehr flach aus, steigt später jedoch steil zur Mitteralm an. Deshalb wählen wir den anderen Weg, der zuerst geradeaus weiterführt und dann im Wald nach links abbiegt. Er steigt stetig an, wird aber nie besonders steil. So erreichen wir die Almwiesen der **Mitteralm** und sind damit immerhin schon auf 1200 Metern Höhe angelangt. Wer jetzt doch die Zahnradbahn zur Unterstützung braucht, hält sich links und erreicht die Haltestelle Mitteralm zur weiteren Auffahrt.

Alle anderen bleiben geradeaus, und wir tauchen nochmals in den Wald ein und wandern ganz gemächlich bergan. Ab hier begleiten uns die Tafeln des **Geo-Park-Wanderwegs**, die Informationen zur Entstehung der Alpen vermitteln. Wir erreichen mit etwas Abstand die **Reindler Alm** (1430 m), dann wird es nochmals anstrengend: Für uns geht es links auf einem Bergpfad steil bergauf. Kurz bevor wir noch einmal der Bergbahn begegnen, die hier von einem Tunnel in den anderen schlüpft, teilt sich der Weg – beide Varianten führen zum Gipfel: Links geht es über die Zeller Scharte, rechts steigen wir über den **Panoramaweg** aufwärts und Richtung **Wendelsteinhöhle** (sehr sehenswert, denn die Höhle, die man gegen eine Gebühr von 2 Euro durch ein Drehkreuz frei besuchen kann, liegt tief im Berg; Schautafeln erklären bestens die Geologie der Höhle).

Egal, für welchen Weg wir uns entscheiden: Das Plateau, auf dem das **Wendelstein-Kircherl** steht und sowohl die Gondel als auch die Zahnradbahn ankommen, ist nun nicht mehr weit, desgleichen die längt überfällige Brotzeit im **Wendelsteinhaus**. Aber wir wollen auch ehrlich sein: Bergeinsamkeit ist hier ein unbekanntes Wort. Auf dem Plateau findet sich eigentlich kaum ein richtiges Picknickplätzchen in der Art, wie wir es normalerweise am Berg lieben. Doch das soll uns nicht verdrießen, denn eines können noch so viele Halbschuh-Bergfreunde nicht beeinträchtigen: die unglaubliche Aussicht, die sich von hier oben am Wendelstein bietet!

Doch für eine echte Rundumschau müssen wir uns nochmals ein wenig bewegen – wir sind hier nämlich noch nicht am Gipfel. Dorthin führt allerdings ein ganz bequemer, breiter Weg, der in emsigen Zickzackkurven in die Felsen geschlagen wurde. Erholt, wie wir sind, brauchen wir höchstens 20 Minuten, dann stehen wir oben am Gipfelkreuz des **Wendelsteins** (1838 m) neben der kleinen **Wendelinkapelle**, deren Ursprung im Dunkeln liegt – wahrscheinlich wurde sie irgendwann einmal von Hirten der umliegenden Almen erbaut, lange bevor der erste »Bergsteiger« heraufkam. Dafür würde das Patrozinium sprechen, denn Wendelin war früher als Heiliger für das Wohlergehen des Viehs zuständig.

Würde man hier alles aufzählen, was man an einem klaren Herbsttag mit einem Fernglas in der näheren und weiteren Umgebung entdecken kann, so würde der Umfang dieses Buchs nicht ausreichen – hier reiht sich alles von alpinem Rang und Namen aneinander, einschließlich Großglockner, Kitzsteinhorn und Großvenediger.

Alternativ zum Anstiegsweg könnte man jetzt noch auf dem Panoramaweg den Wendelsteingipfel umrunden. Allerdings waren wir heute schon fleißig und wandern so auf bekanntem Weg wieder zurück.

Oder wir besuchen vielleicht lieber noch die Aussichtskanzel Gacher Blick gegenüber dem Wendelsteinhaus und reihen uns dann in die Warteschlange ein, um mit der Zahnradbahn zurück ins Tal zu fahren …

Auch interessant

Mit 24 Jahren zog Otto von Steinbeis aus dem Badischen nach Brannenburg, um eine Firma zu gründen, mit der er lokale Holzvorräte gewinnbringend nutzte. Bald auch international äußerst erfolgreich, investierte er einen erheblichen Teil seines Vermögens (gut 2 Mio. Goldmark) in den Bau der Zahnradbahn von Brannenburg auf den Wendelstein. Nach nur zwei Jahren Bauzeit wurde diese 1912 eröffnet, die Fahrt kostete hin und zurück 6,50 Mark. Mit dieser Bahn wurde der Wendelstein nicht nur touristisch erschlossen, sie ermöglichte es auch, den Berg für wissenschaftliche Zwecke zu nutzen. So stehen am Gipfel eine Sternwarte und ein Sender des Bayerischen Rundfunks, der weite Teile des südlichen Oberbayerns mit Radio- und Fernsehprogrammen versorgt. Die Wetterstation, die seit 1962 an den Deutschen Wetterdienst Daten lieferte, fiel allerdings 2012 Sparmaßnahmen zum Opfer.

Auf einen Blick

AUSGANGS-/ENDPUNKT

Brannenburg, Talbahnhof der Wendelstein-Zahnradbahn/Wendelsteingipfel
GPS: 47.725421, 12.093005

ANFAHRT

ÖPNV: Mit der Bahn München–Kufstein bis Brannenburg, dann ca. 30 Min. Fußweg zur Wendelsteinbahn oder den Bus der Wendelstein-Ringlinie nehmen
Auto: A 93 bis Brannenburg, links abbiegen, dann geradeaus zum Talbahnhof der Wendelsteinbahn (beschildert)

GEHZEIT UND SCHWIERIGKEIT

Mittelschwere Wanderung auf Bergwegen und kleinen Almstraßen, die durch den großen Höhenunterschied etwas Kondition erfordert (4.30 Std., 10 km, 1300 Hm). Nur teilweise im Schatten

EINKEHR

Unterwegs, aber nicht direkt am Weg, liegt die Mitteralm (mitteralm-wendelstein.de). Unter dem Gipfel gibt es dann das große Wendelsteinhaus.

NOCH WICHTIG

Versuchen Sie unbedingt, bei der Talfahrt einen Platz auf der linken Zugseite (in Fahrtrichtung gesehen) zu ergattern – von hier aus haben Sie den schönsten Blick auf die Berglandschaft!

INFORMATION

brannenburg.de; wendelsteinbahn.de

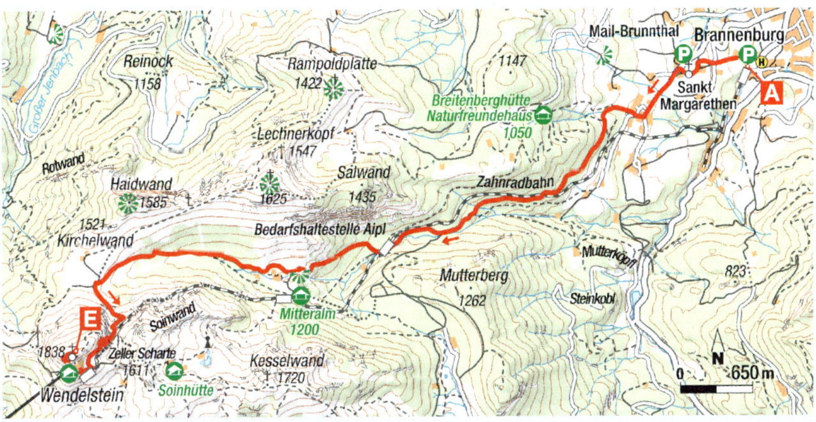

25

Von der Rosengasse auf den Brünnstein

FELSIGER KLASSIKER IM MANGFALLGEBIRGE

Der Gipfelaufbau des Brünnsteins ist aus dem Tal von überall her gut zu sehen. Der Aufstieg entpuppt sich zwar als nicht so einfach, ist aber mehr als lohnend. Und selbst wer sich den finalen Gipfelsturm nicht zutraut, wird mit wunderbaren Ausblicken in alle Himmelsrichtungen entschädigt.

Die Wanderung beginnt am **Berggasthof Rosengasse**, den wir erst einmal ignorieren und der kleinen, für den öffentlichen Verkehr gesperrten Straße Richtung Brünnsteinhaus und Traithen folgen, die sich bald darauf teilt. Die Beschilderung zum Brünnsteinhaus weist uns nach links, und auf dem geteerten Weg wandern wir kurz darauf an der **Georgskapelle** vorbei und durch ein Waldstück zu einer weiteren Weggabelung. Erneut geht es für uns links; wir passieren nun die **Rosengassen-Almhütten** und folgen an der **Kranzlerhütte** der Linkskurve des Almwegs.

Die Abzweigung zum Großen Traithen ignorierend, steigen wir zum Waldrand hinauf, an dem unser zunächst recht angenehmer Weg in einen wurzeligen und steinigen Pfad übergeht. Obendrein wird es nun steiler, aber die 900 Höhenmeter müssen ja irgendwie geschafft werden. Wir verlassen den Wald und wandern im leichten Auf und Ab über etwas sumpfige Almwiesen. Erste wunderschöne Ausblicke öffnen sich, und von links grüßt der Wendelstein zu uns herüber. Der Pfad wendet sich leicht nach rechts, und in einem kleinen Waldstück stößt von links der Weg zu uns, der vom Waldparkplatz

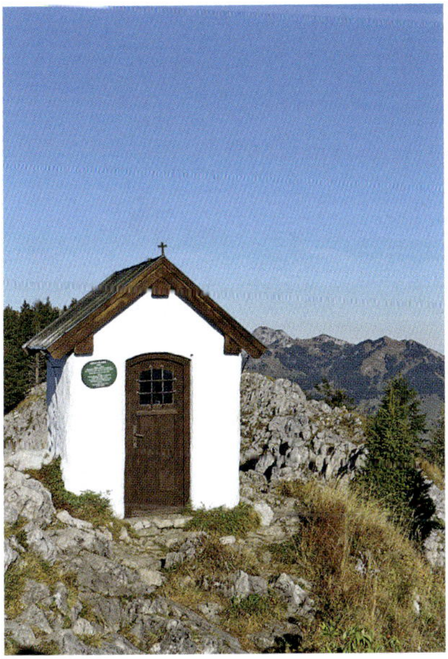

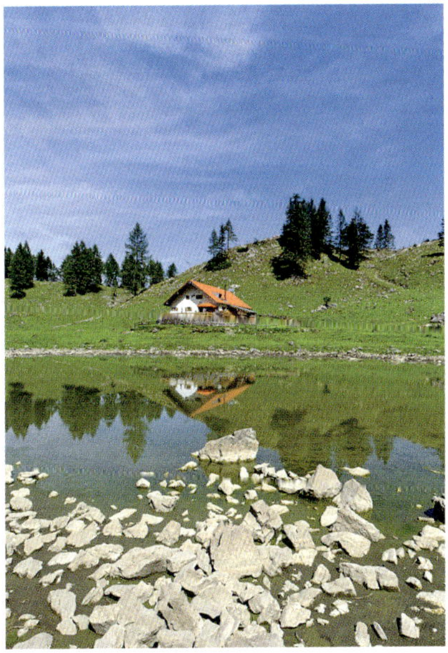

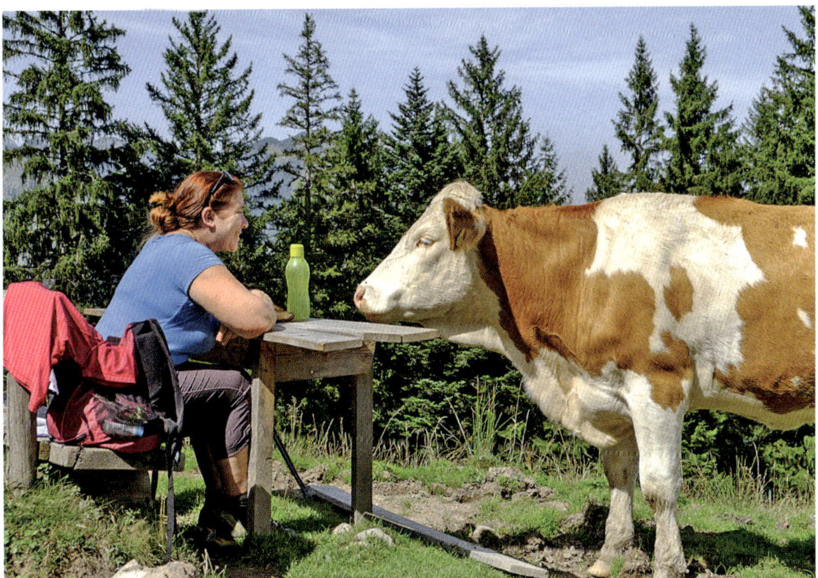

◀ Das letzte Stück hinauf zum Gipfel ist etwas diffizil.
▶ Die Seeonalm
▼ Mit neugierigen Kühen muss man rechnen.

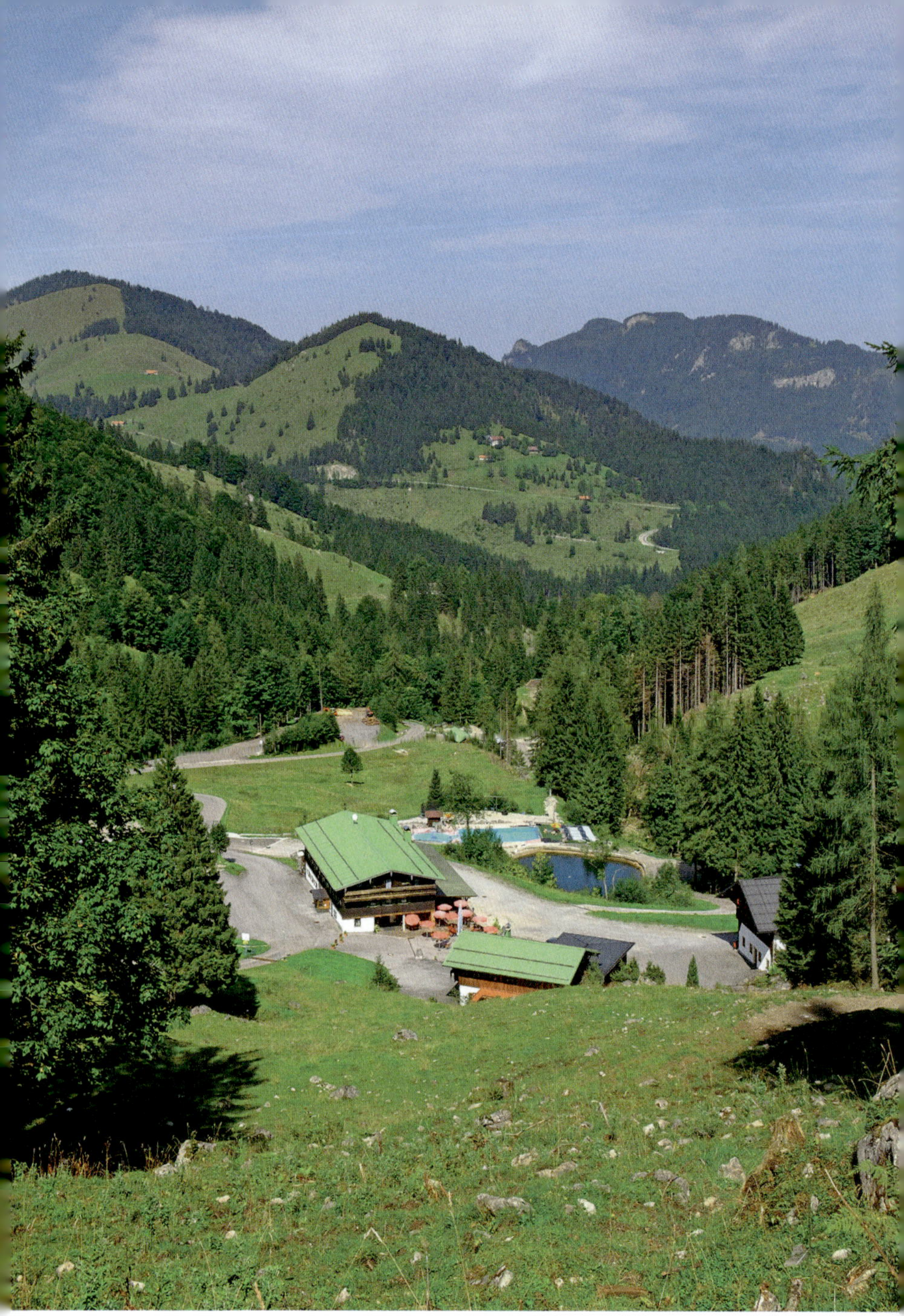

Blick auf das Berggasthaus Rosengasse

Tatzelwurm über die Baumoosalm heraufführt und den alle, die mit öffentlichen Verkehrsmitteln anreisen, benutzen können.

Wir bleiben geradeaus und folgen dem Pfad am Hang entlang durch lichten Baumbestand in südöstliche Richtung. Bald können wir an einer kleinen Lichtung rechts zur **Seeonalm** (1381 m) abbiegen, die idyllisch am gleichnamigen See liegt (eher ein Weiher als ein See) und in wenigen Minuten erreicht ist. An der Alm vorbei folgen wir dem Karrenweg weiter nach Osten und stoßen wieder auf den Hauptweg, auf dem wir nun rechts in Richtung Brünnsteinhaus wandern.

Langsam und ziemlich sonnig erreichen wir das nächste Alm-Ensemble, die **Himmelmoosalmen** (1326 m), deren Gebäude sich wie Perlen an einer Schnur aufreihen. Dahinter erhebt sich unübersehbar und nun zum Greifen nahe der Brünnsteingipfel. An den Almen halten wir uns links und biegen hinter dem letzten Gebäude links zum finalen Gipfelsturm auf den Wiesenpfad ein. Über feuchte Stellen helfen uns Holzplanken, und wir folgen stur dem sich in die Höhe windenden Pfad über den grasigen und licht bewaldeten Hang. Nach einigen Zicks und Zacks trifft der Weg vom Brünnsteinhaus auf unseren Aufstiegsweg, den wir später für den Abstieg nutzen werden.

Jetzt trennen uns nur noch 20 Minuten vom Gipfel, aber die haben es ganz schön in sich: Gleich darauf stehen wir nämlich an der schrofigen Rampe des felsigen Gipfelaufbaus, wo der Tourenteil beginnt, für den wir absolut schwindelfrei und trittsicher sein müssen! Über unseren Köpfen sehen wir bereits die Gipfelkapelle. Der Pfad wendet sich nach links, und wir kraxeln über einige Stahltritte entlang einer Drahtseilsicherung aufwärts. Achtung, bei Gewittergefahr ist die Begehung dieses Abschnitts ein absolutes Tabu! Mit einer letzten felsigen Stufe erreichen wir den luftigen Grat am Gipfelkreuz und rechtshaltend die kleine **Gipfelkapelle** am **Brünnstein** (1619 m). Die Aussicht von hier oben entschädigt alle Mühen: Rundum blicken wir auf die Crème de la Crème der bayerischen und Tiroler Berge – vom Watzmann zu Zahmem und Wildem Kaiser, vom Großglockner zum Großvenediger und bis zum Olperer in den Tuxer Alpen reihen sich unzählige Gipfel aneinander!

Für den Rückweg müssen wir zunächst wieder über dasselbe vertrackte Wegstück hinunter – der über den Gipfel weiterführende Weg, der Julius-Mayr-Klettersteig, ist nämlich noch schwieriger zu begehen. So steigen wir wieder hinab zur Abzweigung, die wir schon kennen, halten uns hier links und erreichen in vielen Kehren das **Brünnsteinhaus** (1360 m). Auf der sonnigen Terrasse mit Blick auf das Kaisergebirge über dem Inntal genießen wir nun erst mal eine längere Pause und eine wohlverdiente Brotzeit.

Danach gehen wir vom Brünnsteinhaus wieder ein Stück zurück, halten uns dann links und wandern nun immer geradeaus in westliche Richtung. Über Almwiesen gelangen wir wieder zu den **Himmelmoosalmen** und kommen damit auf unseren bekannten Aufstiegsweg, dem wir bis zurück zum **Berggasthof Rosengasse** folgen.

Anstiegsvariante

Wer mit öffentlichen Verkehrsmitteln anreist, geht von der Haltestelle Tatzelwurm zwischen den Hotelgebäuden durch, folgt dem Weg entlang des Auerbachs zu den Tatzelwurm-Wasserfällen und trifft hinter der kleinen Schlucht auf einen größeren Wanderparkplatz im Wald. Dort beginnt links der Aufstieg zum Brünnstein. Dieser Karrenweg kürzt die Almstraße ab. Auf sie treffen wir nach dem Waldstück, wenn wir über eine erste kleine Almwiese wandern. Nun folgen wir in Wanderrichtung der Almstraße, vorbei an den Schoißeralmen. In einer Spitzkehre führt der direkte Weg zum Brünnstein. Wenn wir, wie oben beschrieben, die Tour begehen wollen, halten wir uns rechts. Bald geht es am Rand einer Almwiese entlang, und wir folgen der Beschilderung zu den Baumoosalmen (sechs Almhütten). Zwischen fünfter und sechster Alm führt unser Wanderweg rechts weiter - er ist kaum ersichtlich, und wir müssen ihn mit etwas Gespür suchen. Steine helfen uns über den Baumoosbach, dann wandern wir auf schwachen Pfaden über eine Wiese zum gegenüberliegenden Hang. Zur Orientierung: Links von uns liegt ein kleines Feuchtgebiet. Am Hang ist der Pfad wieder besser zu sehen, er führt nach rechts aufwärts und stößt auf einen quer verlaufenden größeren Weg - von rechts kommen hier die Wanderer von der Rosengasse herauf. Für uns geht es nun nach links weiter.

Auf einen Blick

AUSGANGS-/ENDPUNKT

Berggasthof Rosengasse/Sudelfeld
GPS: 47.659888, 12.054138

ANFAHRT

ÖPNV: Von München mit der BRB nach Bayrischzell und mit der Wendelstein-Ringlinie bis Haltestelle Tatzelwurm; von dort s. linke Seite Aufstieg unter »Anstiegsvariante«
Auto: A 8 bis Ausfahrt Weyarn, über den Schliersee nach Bayrischzell, auf der Sudelfeldstraße Richtung Brannenburg und kurz vor dem Tatzelwurm in einer Kurve rechts zum Berggasthaus Rosengasse mit großem Wanderparkplatz

GEHZEIT UND SCHWIERIGKEIT

Schwere, lange Bergtour, für deren holprige, steinige Pfade man trittsicher sein muss (5.30 Std., 13 km, 800 Hm). Der Gipfelanstieg erfordert zusätzlich Schwindelfreiheit, denn er ist stellenweise drahtseilversichert (nicht bei Gewitter begehen!). Wer den Gipfel auslässt, freut sich dennoch über schöne Aussichten auf der ganzen Strecke.

EINKEHR

Das Brünnsteinhaus ist ein Ganzjahres-Wanderziel. Es hat von Mai bis Anfang November täglich geöffnet, in der Nebensaison (außer in den Ferien) dann meist nur an den Wochenenden (Ruhezeiten März/April).

INFORMATION

bruennsteinhaus.de

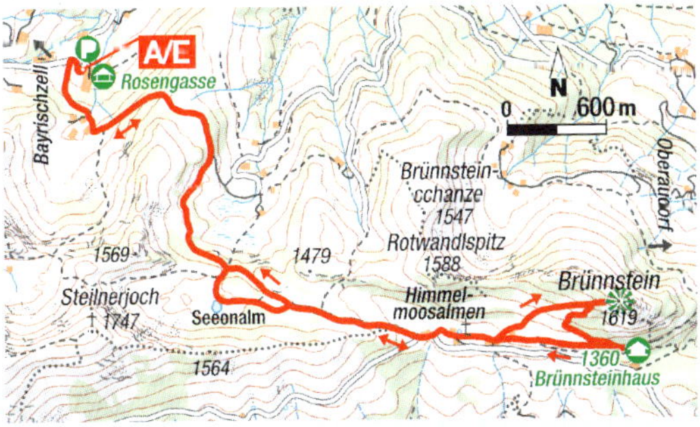

26

Aufs Hintere Sonnwendjoch

MURMELTIERE, GÄMSEN UND GLETSCHERBLICKE

Kurz hinter der Tiroler Grenze ragt das Hintere Sonnwendjoch mit knapp 2000 Metern aus dem Mangfallgebirge empor, der höchste Berg der Gruppe und selbstverständlich ein brillanter Aussichtspunkt – bis weit in die österreichischen Gletscherberge hinein reihen sich hier die Alpengipfel vor unseren Augen aneinander.

Wir starten am **Wanderparkplatz bei der Ackernalm** und steigen auf dem geteerten Sträßchen bergauf, das an der Käserei, einigen Almen und an einer netten Wegkapelle vorbeiführt. Nach gut 20 Minuten erreichen wir die **Steinkaseralm** (1522 m). Die Abzweigung rechts zum Sonnwendjoch lassen wir noch unbeachtet, dort werden wir auf dem Rückweg hinabkommen. Wir bleiben weiter der bequemen Almstraße treu und sehen bald die beiden Bärenbadalmen in einem Talkessel vor uns liegen. Ganz so weit müssen wir nicht mehr, denn kurz davor weist uns die Beschilderung nach rechts auf einen kleinen Bergpfad.

Die Freude über das hübsche Weglein ist nur von kurzer Dauer – nach wenigen gewonnenen Höhenmetern stoßen wir auf den nächsten Karrenweg, dem wir nun nach rechts folgen. Zumindest ist er nicht geteert. All diesen wenig verlockenden Wanderbodenbelägen zum Trotz müssen wir zugeben, dass es hier wirklich viel zum Schauen gibt: von der weiten Aussicht bis zu den zahlreichen Blumen am Wegrand – da lassen wir uns die Wanderung nicht von einem Teersträßerl vermiesen!

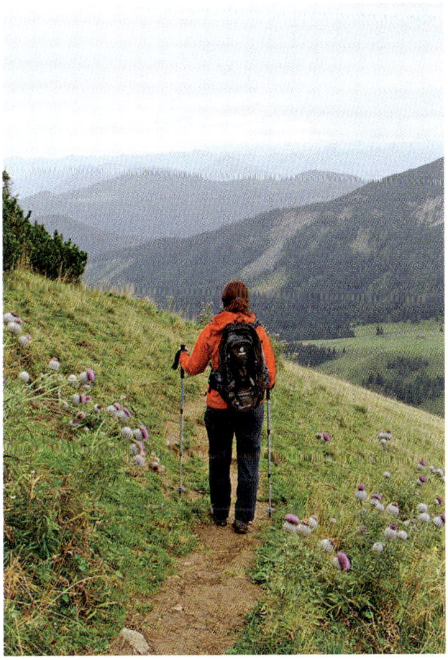

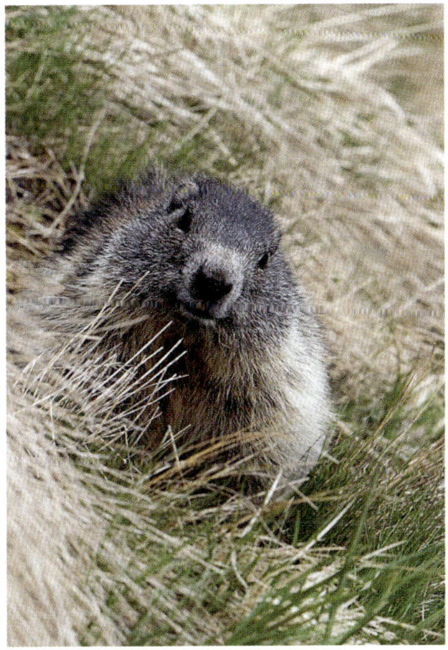

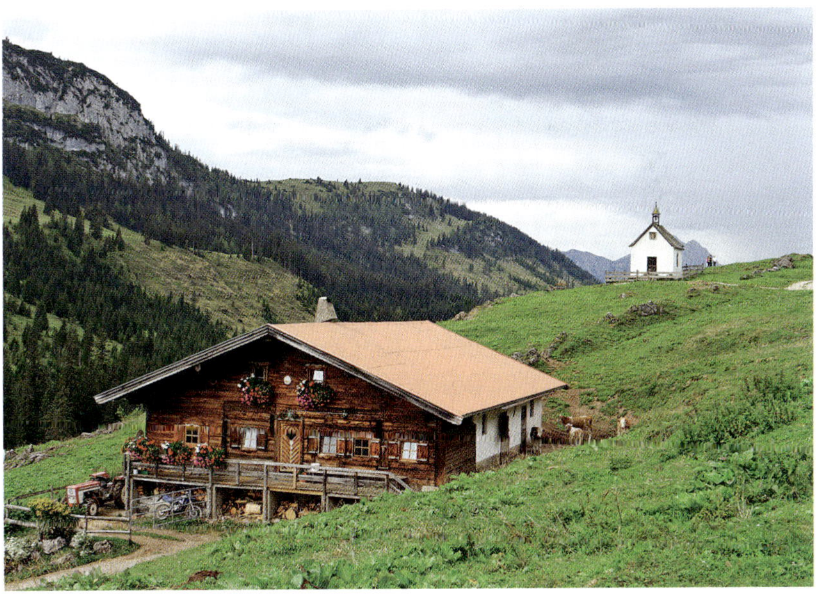

◀ Leichter Nieselregen trübt heute den sonst schönen Ausblick.
▶ Wer sich ruhig verhält, kann Murmeltiere beobachten.
▼ Auf der Ackernalm

Jetzt geht es zur Abwechslung in östlicher Richtung weiter, und bald darauf ist das Ende der Fahrstraße erreicht – nun geht es richtig aufwärts. Zwischen den Felsbrocken können wir mit etwas Glück Murmeltiere entdecken, die dankenswerterweise durch laute Pfiffe auf sich aufmerksam machen. Sie sind mit ihrem Fell so gut zwischen den Felsen getarnt, dass wir sie schlicht übersehen hätten, wären ihre lauten Warnrufe nicht zu hören.

Bald ist das Gipfelkreuz zu sehen, auch wenn sich unser Pulsschlag bis dorthin noch ganz schön in die Höhe schrauben wird. Immerhin sind wir bereits auf knapp 2000 Metern angelangt, und die hohen Stufen am Weg tun ihr Übriges, um uns zu fordern. Dann haben wir es aber geschafft und stehen am Gipfel des **Hinteren Sonnwendjochs** (1986 m). Jetzt ist es Zeit, die brillante Aussicht zu genießen: Von München und dem Wendelstein angefangen, reicht das Panorama über die Tegern- und die Schlierseer Berge zu Guffert, Rofangebirge und dem dahinterliegenden Karwendel, von wo der Blick weiter zu den Stubaier und den Zillertaler Alpen schweift. Im Süden leuchten die Gletscher der Hohen Tauern mit Großglockner und Großvenediger herüber. Die Spitze des Kitzsteinhorns ist ebenfalls ein markanter Punkt, und auch Zahmer und Wilder Kaiser sind schnell ausgemacht. Wer Glück hat, kann obendrein hier im Gipfelgebiet noch ein paar Gämsen beobachten.

Für den Abstieg geht es zunächst ca. 50 Höhenmeter auf dem Hinweg zurück, dann halten wir uns am ersten Wanderschild, auf das wir treffen, geradeaus Richtung Frommalm. Vorbei am steilen Einschnitt des Burgsteins finden wir geradeaus einen Durchstieg durch eine Scharte des Burgsteins und erreichen nach ein paar Latschen weiter abwärts wieder eine breitere Almstraße. Nun gehen wir rechts (nicht zu den Frommalmen), können nach einem Viehgatter noch einmal links auf einen kleinen Bergpfad ausweichen, ehe wir an der **Steinkaseralm** wieder auf den bekannten Hinweg treffen, dem wir links zurück zum **Wanderparkplatz** folgen.

Auf einen Blick

AUSGANGS-/ENDPUNKT

Parkplatz bei der Ackernalm
GPS: 47.585680, 11.954801

ANFAHRT

ÖPNV: nicht möglich
Auto: A 8 bis Ausfahrt Miesbach, über Schliersee nach Bayrischzell, dort rechts ins Ursprungtal Richtung Thiersee und kurz nach dem österreichischen Grenzübergang rechts (ausgeschildert) auf einer kleinen Mautstraße durchs Stallental zur Ackernalm

GEHZEIT UND SCHWIERIGKEIT

Sehr sonnige, leichte Bergwanderung, meist auf kleinen Almstraßen, nur der Gipfelanstieg ist etwas steiler und anstrengender und führt über einen Bergpfad, für den man etwas trittsicher sein muss (3.30 Std., 9 km, 700 Hm).

EINKEHR

Die Ackernalm ist ein Berggasthof mit Blick auf das Kaisergebirge. Sie hat je nach Schneelage von Mitte Mai bis Ende Oktober geöffnet (ackernalm.at, Mi Ruhetag). Am Weg liegt überdies eine kleine Biokäserei, auch dort kann man einkehren.

NOCH WICHTIG

Das Stallenbachtal zieht sich zwischen dem Thaler- und dem Sonnwendjoch nach Westen. Ab der Ackernalm fällt es ins Marbachtal ab und mündet unweit der Erzherzog-Johann-Klause ins Tal der Brandenberger Ache. Das Grenzgebiet zwischen Blaubergen und Mangfallgebirge ist von vielen dieser Forststraßen durchzogen – einst waren sie unabdingbar, um das Holz aus den entlegenen Wäldern zwischen Tirol und Bayern abzutransportieren, heute freuen sich Mountainbiker über das großzügige grenzüberschreitende Wegenetz.

INFORMATION

kufsteinerland.at

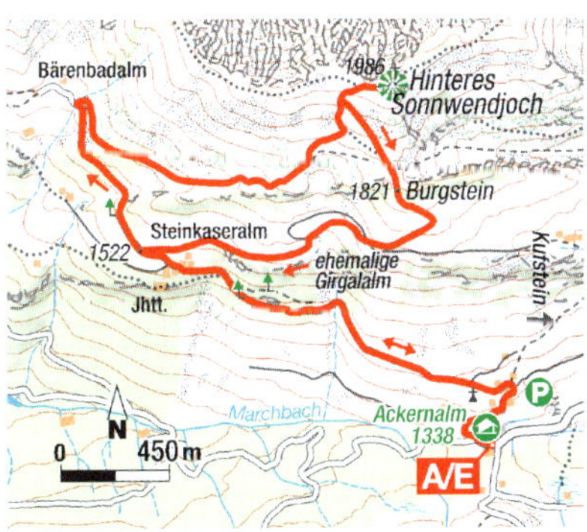

27

Petersberg und Hohe Asten

KUNST UND KULTUR IM BAYERISCHEN INNTAL

Auf dieser Bergwanderung gibt es Kultur und Historie als Gratiszugaben: Mit der geschichtsträchtigen Ruine Falkenstein, der romanischen Peterskirche, den alten Astenhöfen und der herrlichen Sicht über das Inntal wird's auf dieser Tour sicherlich niemandem langweilig.

Wir starten am **südlichen Ende des Astenwegs** und folgen der Beschilderung Richtung Petersberg und Ruine Falkenstein auf einem kleinen Almsträßchen steil bergauf. So dauert es nicht lange, und wir erreichen die **Ruine Falkenstein**. Ein kurzer Abstecher zu ihr ist sicherlich lohnenswert – Infotafeln berichten von ihrer langen Geschichte, und wenngleich der Bergfried heute in privater Hand ist, so locken doch die Mauerreste und die schöne Aussicht über das Inntal zu einer ersten Pause.

Danach folgen wir weiter dem steil ansteigenden Forststräßchen; der Petersberg und die Hohe Asten sind gut ausgeschildert. Wir passieren eine erste Kapelle, die **Maria-Schnee-Kapelle**, und sehen bald Felsen neben uns aufragen. Durch eine Öffnung im Blätterdach haben wir einen freien Blick auf die steile Maiwand. Immer weiter bergauf, wendet sich unser Weg ein gutes Stück nach der **Antoniuskapelle** links herum (rechts werden wir später auf unserem Abstieg zurückkommen). Wir bleiben auf dem Hauptweg und erreichen die Wegverzweigung zum ausgeschilderten Petersberg. Wer die Wallfahrtskirche besuchen möchte, wendet sich hier nach links, wo es in steilen Serpentinen aufwärts geht. Moderne bronzene Apostelstationen des

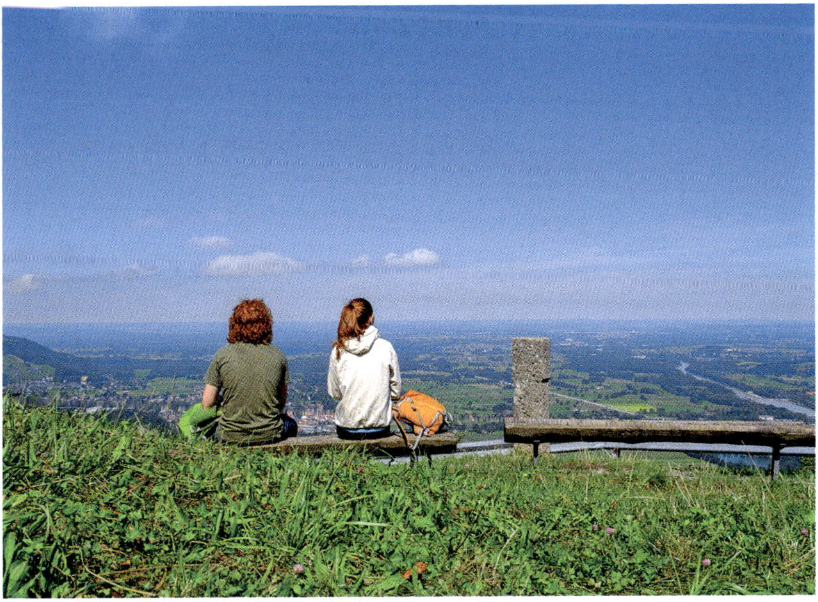

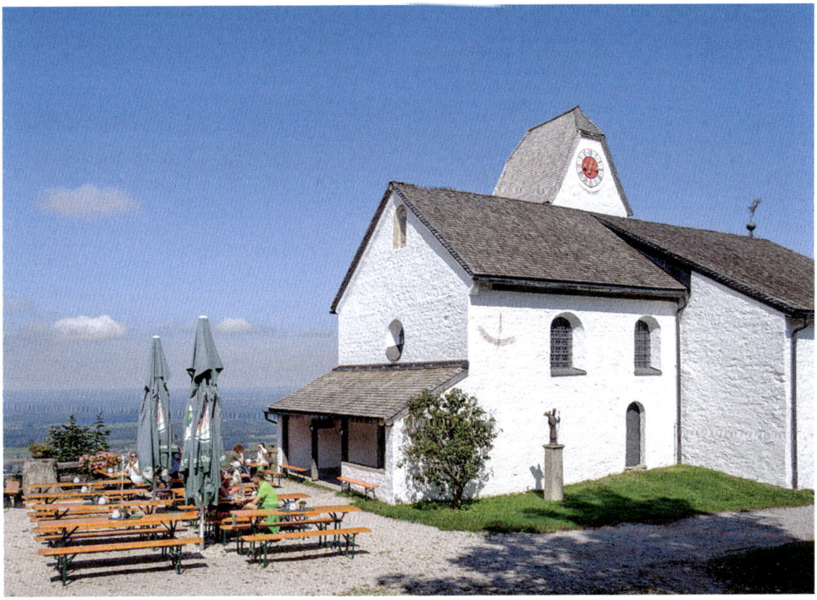

▲ Ein Traumplatz über dem Inntal
▼ Das Petersbergkirchlein mit dem gleichnamigen Berggasthof

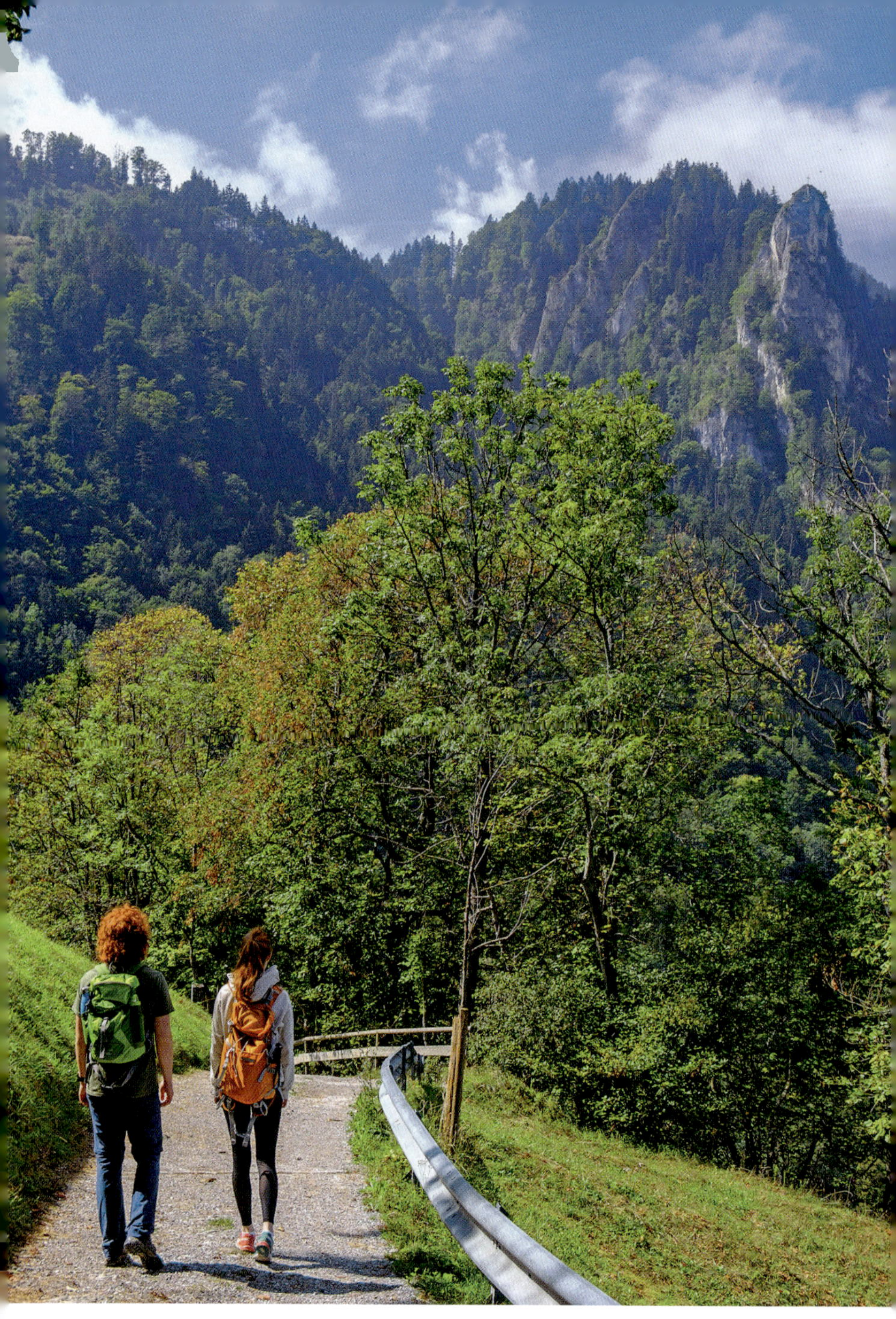

Steil ragt die Maiwand beim Abstieg vom Petersberg vor uns auf.

Rosenheimer Künstlers Josef Hamberger säumen den Weg, bis wir schließlich mit bester Aussicht unterhalb der kleinen Bergkirche in die Sonne treten. Jetzt haben wir den **Petersberg** (847 m) erreicht, wo die romanische Wallfahrtskirche und der Berggasthof einen Besuch wert sind. Der Gasthof war früher ein kleines Kloster, eine Propstei.

Wer möchte, kann hinter dem Berggasthof noch dem kleinen **Gipfelkreuz** auf der Wiese einen Besuch abstatten, um dann rechts haltend wieder zum Aufstiegsweg zurückzukehren. Dieser bringt uns wieder hinunter zur Forststraße, und wer Lust auf eine größere Tour hat, wandert nun nach links weiter und folgt der Beschilderung zur **Hohen Asten** (1108 m). Bald passieren wir den um 1639 aus Bruchsteinen erbauten Hof, den **Bauern am Berg**, der einst die Propstei oben am Berg mit Nahrung versorgte. Gemächlich geht es zwischen reichblühenden Wiesen hindurch, und bald folgt ein heller Mischwald. Wir passieren zwei Diensthütten des Forstamts und erreichen dann schnell die **Astenhöfe**. Sie zählen noch heute zu den höchstgelegenen ganzjährig bewirtschafteten Bauernsiedlungen der Alpen; hier lädt erneut ein Berggasthof zur Rast ein.

Frisch gestärkt, können wir danach entscheiden, ob wir zusätzlich noch auf den Riesenkopf steigen wollen – für dieses Zusatzprogramm muss man noch einmal eine Stunde Zeit und 250 Höhenmeter mehr einkalkulieren: Vor dem ersten Hof leitet uns ein Schild bergauf, und gleich darauf wendet sich der Weg nach rechts in den Wald. Am Waldrand halten wir uns an der Weggabelung links und erreichen die **Riesenkopfalm**, die wir links liegen lassen. Über die Wiese wandern wir zum Waldrand und wenden uns dort steil links bergauf, um durch den Wald das **Gipfelkreuz** auf 1337 Metern Höhe zu erreichen – und um verblüfft vom tollen Rundumblick zu sein.

Zurück geht es auf demselben Weg. Wir passieren wieder den **Bauern am Berg** und die Abzweigung zum Petersberggipfel. An der Stelle, an der unser Aufstiegsweg scharf rechts abbiegt, bleiben wir nun geradeaus und folgen dem Pfad, der mit »Wagner am Berg« ausgeschildert ist. Der schmale Weg ist nun eine schöne Abwechslung. Bald halten wir uns einmal rechts (links ist eine Sackgasse) und kurz darauf links. So erreichen wir vorbei an einem Wegkreuz zwischen zwei Bäumen den wunderschönen Bauernhof **Wagner am Berg**. Das fast 300 Jahre alte Anwesen war für einen rein landwirtschaftlich geführten Betrieb zu klein, und so übte der Bauer zusätzlich den Beruf der Wagnerei aus.

Am Hof wird der Weg wieder schmal und ist weiter bergab mit Steinen gespickt, rechts von uns fällt er relativ steil ab. Er wendet sich nach rechts, und wir treffen auf einen Bachlauf, der zum Hochwasserschutz massiv ausgebaut wurde. Diesem folgen wir auf der linken Uferseite, queren dabei noch einen Weg leicht nach links und stoßen dann im Tal auf eine Straße. Ihr folgen wir nach rechts und gelangen wenige Minuten später wieder zu dem Wanderparkplatz und an seinem Ende zu unserem Ausgangspunkt.

Auch interessant

Erste schriftliche Aufzeichnungen belegen 1130 am Petersberg die Gründung eines Klosters durch das Geschlecht der Falkensteiner. Die kurze Zeit später fertig erbaute Klosterkirche wurde durch den Freisinger Bischof Otto geweiht. Historische Ausgrabungsfunde am benachbarten Großen Madron zeugen von einer viel früheren vorchristlichen und keltischen Siedlung. Vermutlich bedeutet der keltische Name Madron so viel wie »Berg der Gemeinschaft«. Eigentlich war an diesem Berg immer schon etwas los: Die Kirche beherbergt Kunstschätze aus sieben Jahrhunderten. Beachtenswert ist das schöne spätromanische Portal, dessen Eingangssäulen sich auf einen Widder- und einen Bärenkopf stützen.

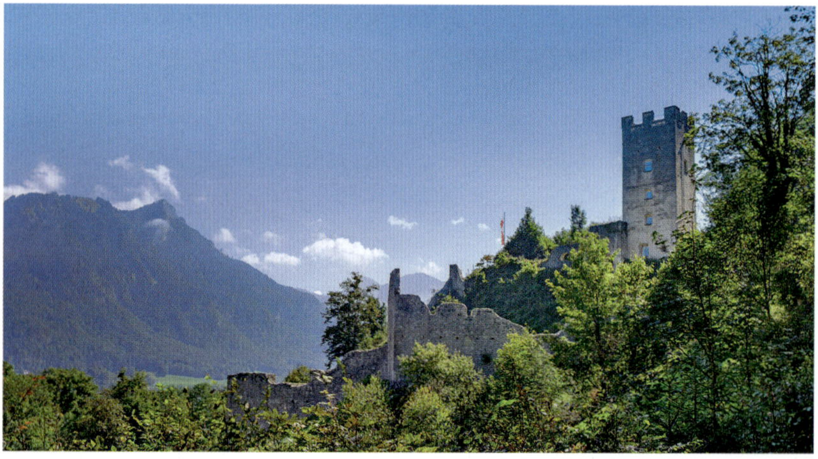

Die Burg Falkenstein liegt direkt am Weg.

Auf einen Blick

AUSGANGS-/ENDPUNKT

Wanderparkplatz Petersberg am Ende des Astenwegs in Flintsbach
GPS: 47.717690, 12.127963

ANFAHRT

ÖPNV: Mit dem Zug nach Flintsbach im Inntal und zu Fuß in ca. 15 Min. vom Bahnhof zum Astenweg: über die Bahnhof- in die Innstraße und weiter zur Kufsteiner Straße, dann rechts in den Astenweg bis zum Fuß des Petersbergs
Auto: Über die A 12 (Ausfahrt Brannenburg) nach Flintsbach, auf der Hauptstraße (Kufsteiner Straße) durch den Ort und nach der Freiwilligen Feuerwehr rechts in den Astenweg. Der Wanderparkplatz Petersberg ist ausgeschildert, er befindet sich 200 m rechts vom Startplatz.

GEHZEIT UND SCHWIERIGKEIT

Mittelschwere Tour, vor allem, weil es steil aufwärts geht, technisch aber ohne Schwierigkeiten (4 Std., 10,5 km, 550 Hm). Der Aufstieg erfolgt über eine kleine Forststraße, beim Abstieg über den Wagner am Berg viele Steine auf dem Weg, Trittsicherheit nötig

EINKEHR

Berggasthaus Petersberg (berggasthaus-petersberg.de, Mo/Di Ruhetage), Berggasthof Hohe Asten (hoheasten.de, Do/Fr Ruhetage)

INFORMATION

flintsbach.de

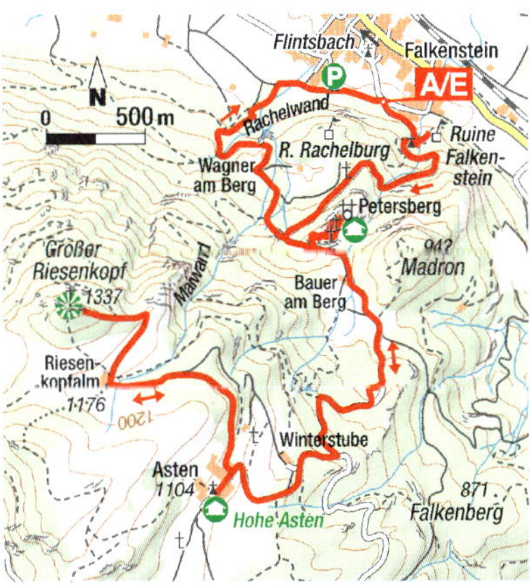

28

Vom Samerberg auf den Heuberg

BERGE IM DREIERPACK ÜBER DEN DAFFNERWALDALMEN

Die Wanderung auf den Heuberg ist eine echte Bilderbuch-Bergtour mit allem, was dazugehört: ruhige Bergpfade, Wälder mit knorrigen Bäumen, bunt blühende Almwiesen, Kletterfelsen, Almhütten, Bergbäche – und natürlich ein aussichtsreiches Gipfelerlebnis.

Direkt am **Wanderparkplatz Schweibern** beginnt ein wunderschöner Wanderweg, der Richtung Heuberg beschildert ist. Einige Serpentinen der Forststraße lassen sich über kleinere Pfade abkürzen. Kurz vor den Daffnerwaldalmen treffen wir erneut auf den Forstweg - er ist nun in beide Richtungen zum Heuberg ausgeschildert: Rechts ist der Weg länger und führt über Mailach und die Nordseite des Berges zum Gipfel, und da wir es heute lieber genussvoll haben wollen, halten wir uns links und erreichen so knapp 20 Minuten später die Almfläche der **Daffnerwaldalmen** (1050 m). Im Frühjahr erstrahlen die Wiesen rund um die drei Almen in einem zartlila blühenden Krokusmeer, aber auch im Sommer sind diese Wiesen mit ihrer Blumenpracht eine wahre Augenweide. Deshalb ist ein Einkehrstopp auf einer der beiden bewirtschafteten Almen (Deindlalm oder Laglerhütte) schon fast Pflicht - vorerst vertagen wir diesen aber noch, denn wir kommen nach der Gipfeleroberung ja wieder hierher zurück.

Der Aufstieg zum Gipfel beginnt vor der **Laglerhütte**, dem letzten Gebäude am Almboden. Auf dem etwas überwachsenen Bergweg wandern wir aufwärts, bleiben nun immer auf dem Hauptweg und ignorieren so die

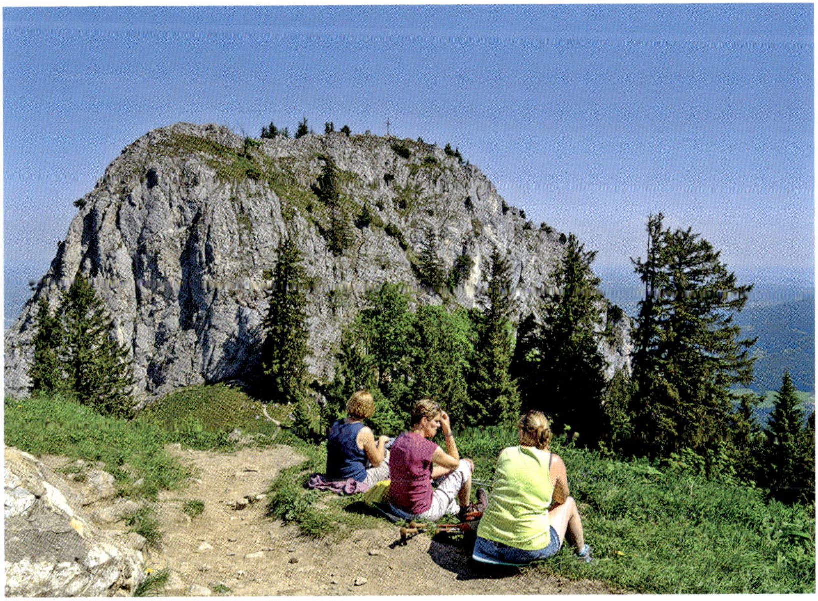

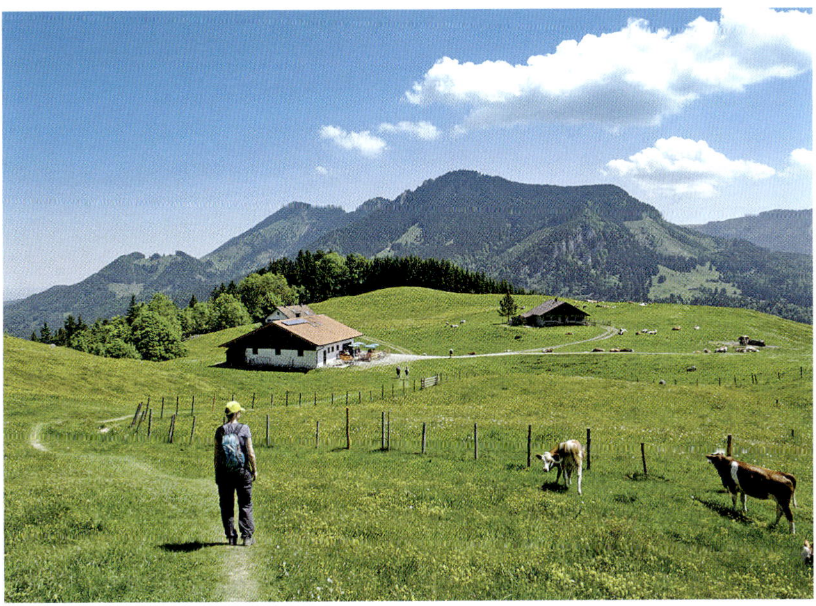

▲ Vom Gipfel des Heubergs blickt man auf die Wasserwand.
▼ Nach dem Gipfelsturm haben wir die Daffnerwaldalmen im Visier.

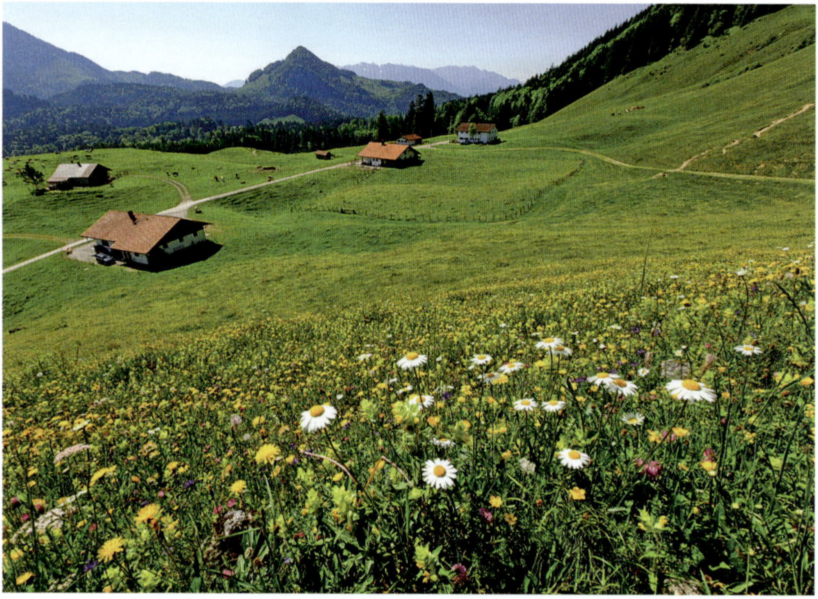

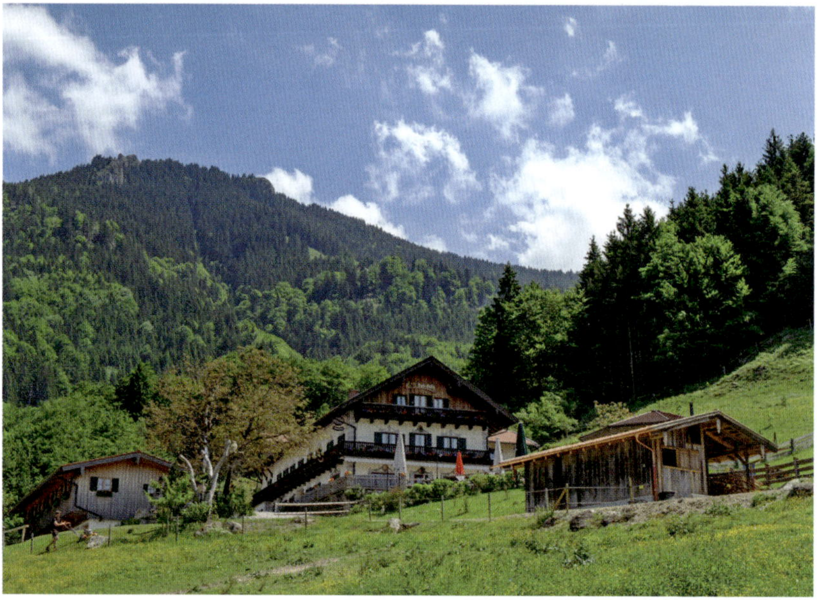

▲ Im Juni stehen die Almwiesen in voller Blüte.
▼ Zum Abschluss lockt das Duftbräu zur Einkehr.

Trampelpfade, die den Hang durchkreuzen. Das schont die Umwelt und auch unsere Kondition, denn dieser Weg führt in bequemer Neigung schrag am Hang aufwärts. Durch einen kleinen Hohlweg macht er eine Linkskurve und wird dann nach einer kleinen flachen Senke nochmals richtig steil, bis wir den **Sattel** zwischen der Wasserwand und dem Grasgipfel des Heubergs erreichen.

Dabei stellen wir fest, dass der Heuberg eigentlich aus drei Gipfeln besteht: Zum Ensemble gehören die Wasserwand im Norden, der Grasberg in der Mitte und der Waldberg im Süden, der auf manchen Karten auch als Kitzstein verzeichnet ist. Heuberg wird der gesamte Berg genannt. Wer schwindelfrei und bergerfahren ist und zudem Lust auf eine kleine Kletterpartie hat, der steigt am Drahtseil entlang auf die höher gelegene Wasserwand (1363 m) – aber Vorsicht: Die Felsen sind von den vielen Gipfelstürmern schon ganz glattpoliert! Wem das zu riskant erscheint, der wandert noch die wenigen Meter vom Sattel auf den **Grasberg** (1338 m) und schaut dort in die Runde – der Berg ist, dem Namen gerecht werdend, dicht mit Gras überwachsen und somit zum gemütlichen Rasten besser geeignet. Und der Ausblick ist schier überwältigend, wobei der Wendelstein mit seinen Antennen als Landmarke dient: Das Inntal öffnet sich zur Kreisstadt Rosenheim, bei klarem Wetter kann man mit dem Fernglas im Hintergrund sogar München erkennen. Weiter rechts liegen direkt unter uns der Samerberg und dahinter der lang gestreckte Simssee, dem sich der Chiemsee mit der Herreninsel anschließt. In unserer Nachbarschaft finden wir Feichteck, Hochries und Spitzstein (s. Tour 30), dazwischen erhebt sich der Geigelstein. Den Süden dominieren Wilder und Zahmer Kaiser, und im Hintergrund stehen die Zillertaler Alpen, während der Pendling bei Kufstein jäh zum Tal abfällt. Ihm folgen der völlig mit Wald bewachsene Wildbarren, der Brünnstein und der Traithen, und um die Astenhöfe (s. Tour 27) breiten sich die Wiesen aus. Schräg darunter sehen wir auf einer kleinen Bergkuppe das romanische Kirchlein am Petersberg, der schon in vorgeschichtlicher Zeit besiedelt war.

Der Rückweg führt uns zunächst wieder hinab zu den **Daffnerwaldalmen**, wo wir nun nach so viel sportlicher Leistung guten Gewissens einkehren können. Dann verabschieden wir uns von den Almen und wandern zwischen der Laglerhütte und der Deindlalm quer über die Wiese in östlicher Richtung (Weg Nr. 12) weiter. Wir folgen der Beschilderung Richtung Duftbräu abwechselnd durch den Wald und über kleine Lichtungen und Wiesen, und bald darauf geht es auf einem wildromantischen Weg am Fluderbach entlang. Zuletzt wandern wir auf dem Themenweg »Auf den Spuren des Bieres« entlang, und wie könnte es anders sein: Dieser führt uns zum **Berggasthof Duftbräu** an der Straße. Wer jetzt Durst und Lust auf den süffigen Gerstensaft hat, den bremst der Duftbräu natürlich aus. Ansonsten folgen wir der Straße, auf die wir dort stoßen, nach links, halten uns bald in der Kurve noch einmal links und spazieren dann das letzte Stück leicht ansteigend zurück zum **Wanderparkplatz Schweibern**.

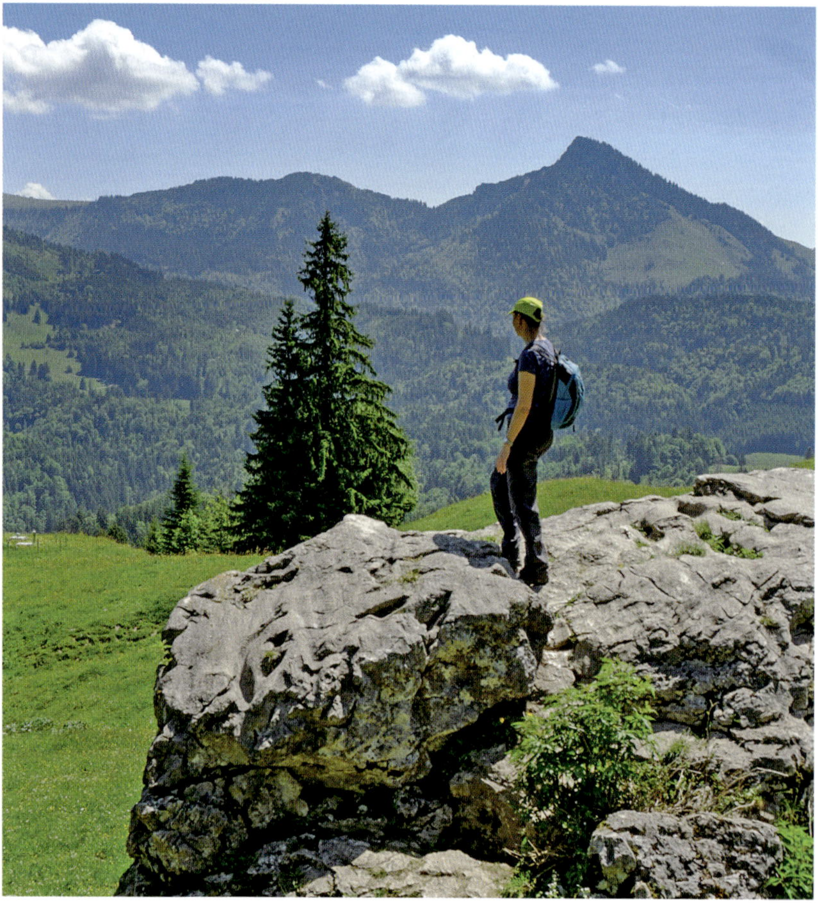

Immer neue Aussichten, so auch auf den Spitzstein, erleben wir auf dieser Bergtour.

Auf einen Blick

AUSGANGS-/ENDPUNKT

Wanderparkplatz Schweibern, Samerberg
GPS. 47.738430, 12.204047

ANFAHRT

ÖPNV: Nicht möglich
Auto: Über die A 8 zur A 93 und bis Ausfahrt Nußdorf, durch Nußdorf Richtung Neubeuern, 500 m nach dem Nußdorfer Ortsschild rechts zum Samerberg, über Rossholzen nach Essbaum, dort rechts über Ried im Winkel Richtung Duftbräu und kurz davor in der Kurve rechts auf der kleinen Straße zum Parkplatz Schweibern

GEHZEIT UND SCHWIERIGKEIT

Zum Grasberg mittelschwere, technisch aber leichte Bergtour auf Wanderwegen und Bergpfaden (3.30 Std., 7,5 km, 600 Hm). Für Wasserwand und Kitzstein ist absolute Trittsicherheit und Schwindelfreiheit nötig! Der Abstieg kann nach Regen feucht und rutschig sein.

EINKEHR

Daffnerwaldalmen: Deindlalm (deindlhof.de/deindlalm) und Laglerhütte haben fast das ganze Jahr über geöffnet. Berggasthof Duftbräu (duftbraeu.de) mit guter bayerischer Küche

INFORMATION

samerberg.de

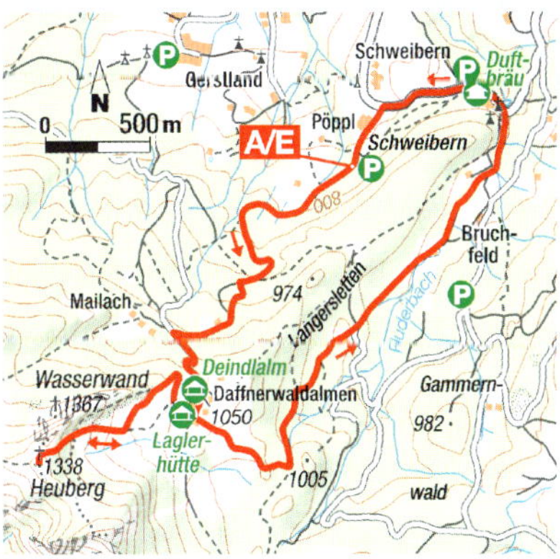

29

Zum zweigipfligen Kranzhorn

WIE'S GEFÄLLT – AUF EINEN BAYERISCHEN ODER EINEN TIROLER GIPFEL

Mit einem Kranz hat dieser Berg nichts zu tun, sein Namensursprung bezieht sich vielmehr auf die Grenze zwischen Tirol und Bayern, die über seinen Gipfel verläuft. Deshalb zieren den Berg auch zwei Kreuze: eines auf der Tiroler Seite und ein zweites auf bayerischem Boden.

Wir folgen am oberen Ende des **Parkplatzes am Erlerberg** der kleinen Almstraße und wandern an einem Bach entlang über den lang gezogenen Almboden aufwärts. Hier stehen viele ältere und neuere Almhütten, wie z. B. die Hintermoaralm, die Ottenalm oder die Polzalm, die wir nun der Reihe nach passieren. An der Spadaualm wendet sich unsere Almstraße nach links und führt über einige Serpentinen zur **Schindlau-Alm** hinauf. Schon von hier haben wir einen ersten traumhaften Ausblick über den Almboden hinweg zu den Bergen des Chiemgaus.

Unser nächstes Ziel ist die **Kranzhornalm** (1230 m), die wir nach ein paar weiteren Serpentinen erreichen. Von einer bescheidenen Almhütte kann hier keine Rede mehr sein, denn inzwischen hat sie sich zu einem Berggasthof und zu einem beliebten Mountainbiker-Treffpunkt gemausert. Trotzdem fügen sich die Gebäude harmonisch in den Almkessel ein.

Uns aber zieht es weiter, und so wandern wir vor der Kranzhornalm auf dem Pfad nach rechts und steigen steil aufwärts. Nach wenigen Minuten passieren wir das kleine **Almkreuz**, das etwas oberhalb der Kranzhornalm auf der

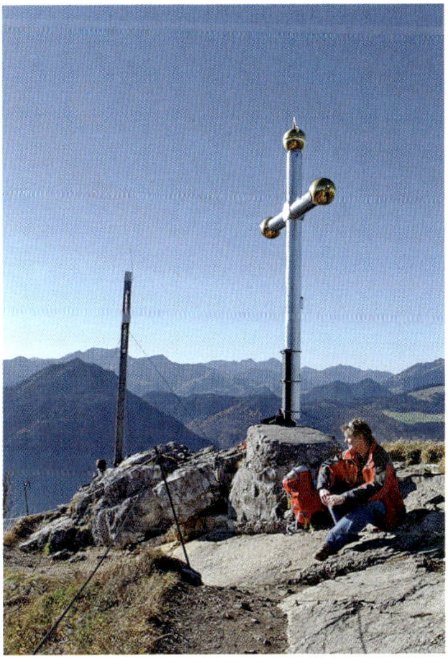

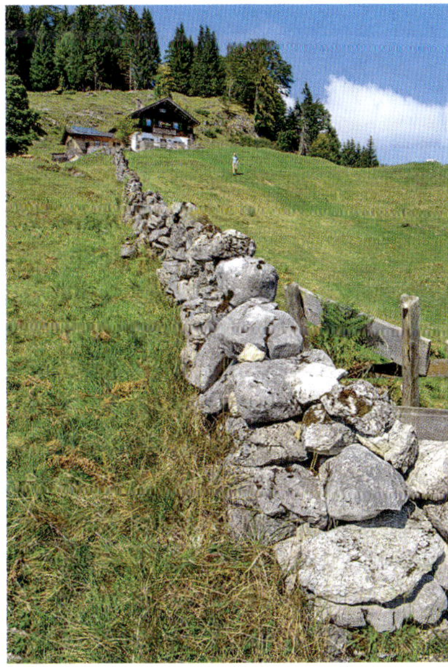

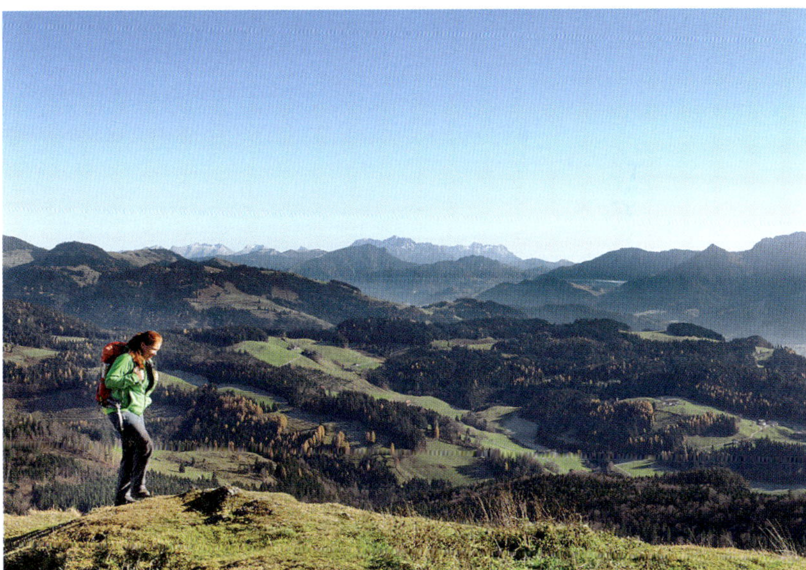

◀ Zuerst Tirol, dann Bayern
▶ Mühselig haben die Senner eine Klaubsteinmauer errichtet.
▼ So schön kann Aussicht sein!

Wiese errichtet wurde. Überwältigt von dem schönen Ausblick, müssen wir uns richtiggehend losreißen und aufraffen, um noch das letzte Stück hinauf zum Gipfel zu steigen. Dafür folgen wir für weitere 20 Minuten dem Pfad bergan bis zum **Kranzhorngipfel** (1368 m). Dieser entpuppt sich als kleines, ebenes Felsplateau mit zwei Gipfelkreuzen – und mit nach drei Seiten hin senkrecht über mehrere hundert Meter abfallenden Felsen. Da kostet es etwas Überwindung, aber ein Drahtseilgeländer erleichtert den Übergang zum vorderen Kreuz. Ganz vorne gibt es sogar eine kleine Aussichtsbank!

Übersehen dürfen wir auch nicht die **Kapelle** unterhalb des Gipfels, die von den Besitzern der Kranzhornalm hoch in Ehren gehalten wird. Sie wurde bereits im 17. Jahrhundert erbaut. In der Nazizeit haben Vandalen die Figur des Hl. Josef aus der Kapelle über die Felswand geworfen; als sie von der Sennerin nach dem Krieg unversehrt wiedergefunden wurde, entwickelte sich die Kapelle im Lauf der Zeit zu einer kleinen Wallfahrtskirche.

Zurück wandern wir auf dem vom Aufstieg bekannten Weg zur **Kranzhornalm**, wo jetzt bestimmt noch Zeit für eine Einkehr ist. Andernfalls wählen wir noch vor der Alm den schmalen Weg nach rechts, der an einem Fischweiher vorbeiführt und mit »Fußweg/Zum Parkplatz« beschildert ist. Auf dem etwas ausgewaschenen Pfad verlieren wir rasch an Höhe, queren in einem Waldstück eine Forststraße und erreichen so die **Bubenau-Alm** (1049 m), an der fleißige Hände eine lange Klaubsteinmauer aufgerichtet haben. Ein schmaler, kaum sichtbarer Wiesenpfad führt in geringem Abstand zur Mauer bergab und wendet sich dann nach links auf einen breiteren Forstweg. Diesem folgen wir nur ein Stück und biegen dann wieder rechts ab, um den langweiligen Forstweg abzukürzen. Kurz darauf treffen wir wieder auf die Forststraße, auf der es nun weiter bergab geht. Einmal müssen wir uns noch links halten, dann passieren wir eine Schranke und stehen etwas unterhalb des **Parkplatzes am Erlerberg**, unserem Ausgangspunkt.

Auf einen Blick

AUSGANGS-/ENDPUNKT

Parkplatz am Erlerberg
GPS: 47.6960, 12.20370

ANFAHRT

ÖPNV: Nicht möglich
Auto: A 8, dann A 93 bis Ausfahrt Nußdorf, rechts über den Inn nach Nußdorf, dort erneut rechts nach Österreich bis Erl, nach der Kirche links und über einige Serpentinen bergauf, an der Weggabelung links und im Wald erneut links zum gebührenpflichtigen Parkplatz

GEHZEIT UND SCHWIERIGKEIT

Leichte Wanderung (3 Std., 8 km, 500 Hm). Aufstieg zur Hütte auf einer kleinen Almstraße; der Weg zum Gipfel und der Abstieg erfolgt über schmale Bergpfade. Die letzten Meter zum Gipfel sind nur für Schwindelfreie, aber beste Aussichts- und Rastplätze gibt es auch ohne Gipfel genügend.

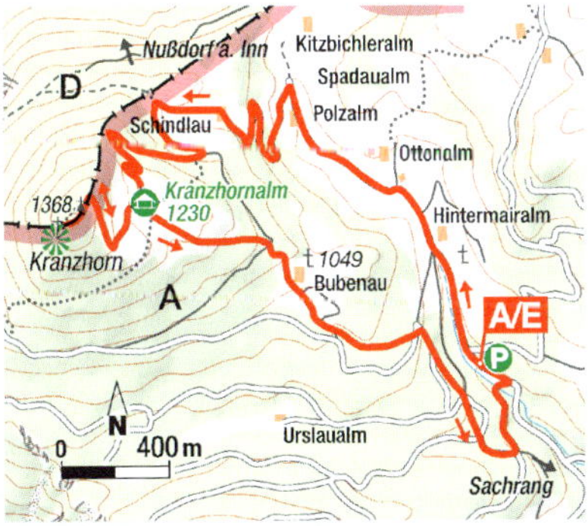

EINKEHR

Kranzhornalm (kranzhorn.at)

NOCH WICHTIG

Die lange Klaubsteinmauer an der Bubenau-Alm ist eine Urform des Weidezauns, denn diese locker aufgeschichteten Steinhaufen waren für das Weidevieh nicht überwindbar und kosteten kein Geld, denn die Steine lagen seit der Eiszeit herum. Weder Verwitterung noch Stürme konnten diesen Zaun zerstören, überdies war und ist er ein idealer Unterschlupf für Kleinlebewesen aller Art. Sein einziger Nachteil: Ihn zu errichten, war sehr arbeitsintensiv. Wie lange es gedauert hat, diese riesige Steinmauer an der Bubenau-Alm zu bauen, ist nicht bekannt, aber es wird sich viele Jahrzehnte hingezogen haben, und bis heute ist die Mauer arbeitsintensiv in der Instandhaltung.

INFORMATION

kufstein.at

30

Vom Erlerberg auf den Spitzstein

EISZEITWUNDER UND IDEALER RASTPLATZ ÜBER DEM INNTAL

Der Spitzstein fällt zu drei Seiten hin extrem steil ab – nur über die Südflanke lässt sich der Gipfel erreichen. Schuld daran sind die Gletscher der Eiszeit: An der Felsbarriere, dem heutigen Spitzstein, luden sie auf ihrem Weg nach Norden Schutt, Steine und Geröll ab und schufen damit eine felsige Rampe.

Wir starten am **Wanderparkplatz Erlerberg** und folgen der kleinen geteerten Straße zum Waldrand. Hier steht ein wunderschöner alter Bergahorn, ein Baumdenkmal, das man jedoch leicht – vor lauter Bäumen – übersieht. Die Straße ist übrigens für den öffentlichen Verkehr freigegeben, auf ihr darf man bis zum oberen Wanderparkplatz hinauffahren. Zum Glück sind aber nicht viele Autofahrer unterwegs (die hier noch dazu langsam fahren müssen), sodass wir ruhig dahinwandern können. Anfangs geht es durch den Wald, dann teilt sich nach einem Viehgatter und einer kleinen Hütte die Straße – wir wählen den linken Weg und wandern auf der ansteigenden Straße weiter. Die Steilheit lässt zum Glück bald nach, links und rechts von uns breiten sich Almwiesen aus, und mit jedem gewonnenen Höhenmeter wird die Aussicht schöner: Tief unter uns liegt das Inntal, umrahmt von zahlreichen Bergen, und am Horizont leuchten die Schneefelder der Venedigergruppe herüber.

Bald erreichen wir den **oberen Parkplatz**, wo uns die Wanderwegschilder Richtung Spitzstein auf ein Almsträßchen weisen. Nach einem kleinen Waldstück kommen wir zum **Spitzsteinhaus** (1252 m), das vom Deutschen

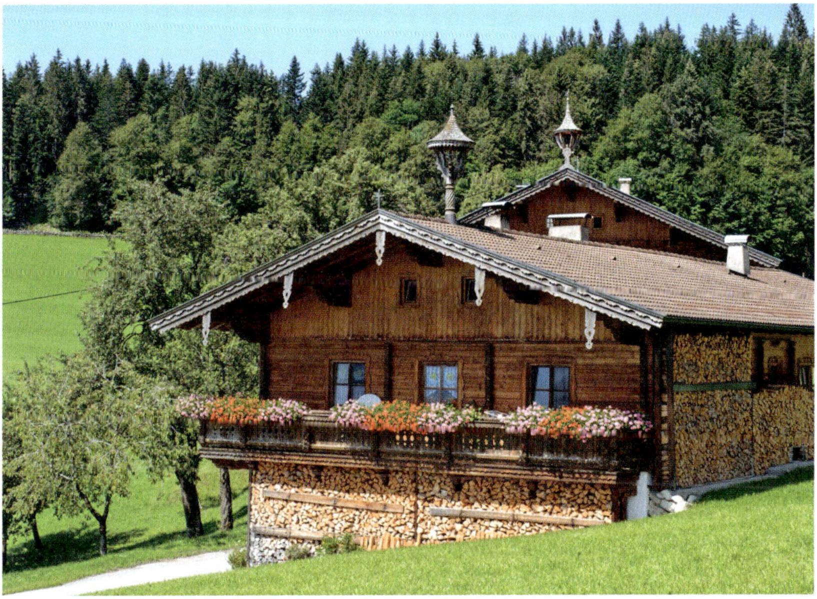

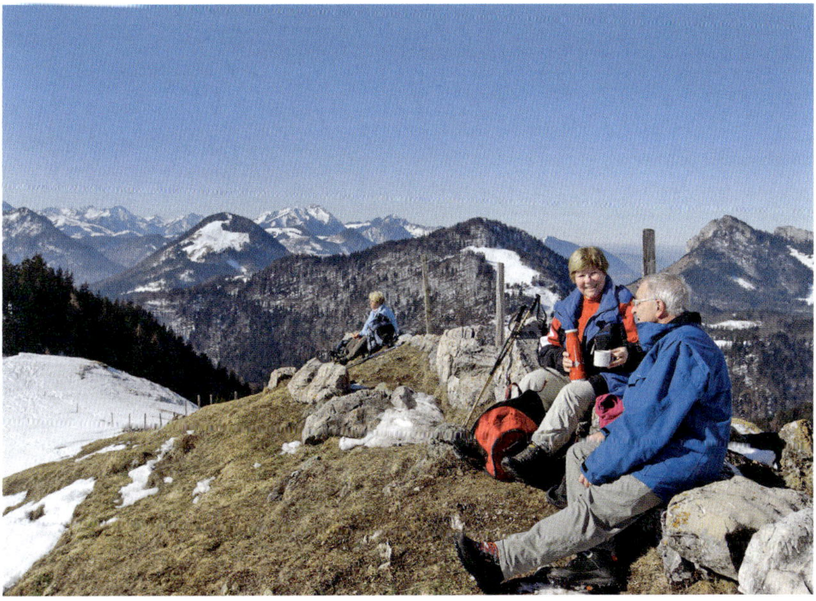

▲ Bauernhaus am Erlerberg
▼ Vom Spitzsteinhaus blickt man auf Pasterkopf und Kranzhorn.

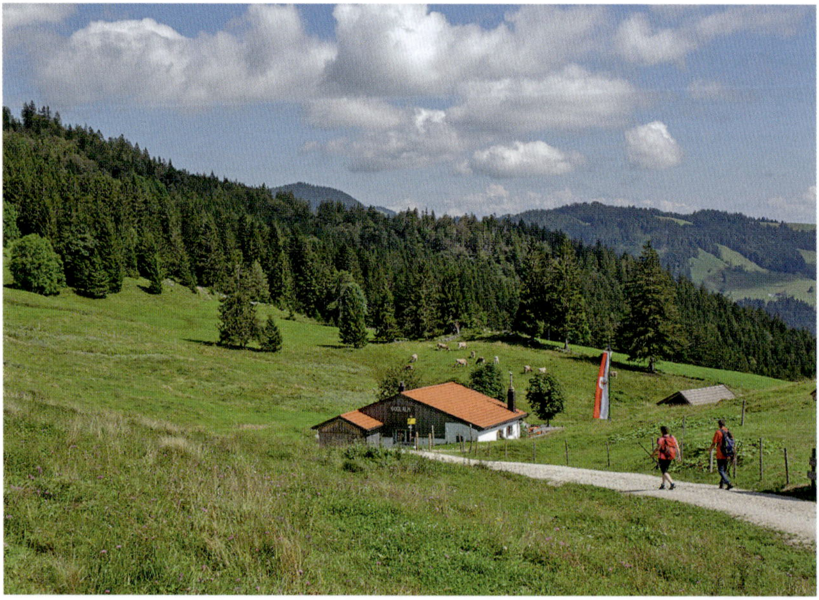

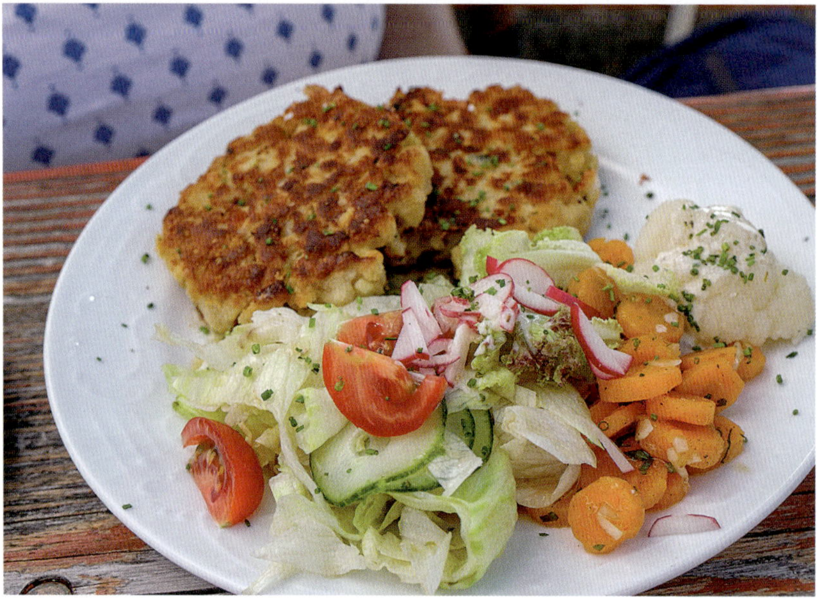

▲ Die Goglalm beim Abstieg
▼ Kaspressknödel – eine Tiroler Spezialität!

Alpenverein betreut wird. Die Hütte hat das ganze Jahr über geöffnet, sogar im Winter für Schneeschuhwanderer und Skitourengeher. Sie ist aber nicht die einzige Einkehrmöglichkeit am Berg, denn ein paar Schritte weiter stehen wir hinter dem Spitzsteinhaus schon an der **Altkaseralm**, wo die nächste aussichtsreiche Terrasse zu einer Pause verführt.

Dahinter beginnt der Bergpfad hinauf zum Gipfel, für den wir immerhin noch etwa eine Stunde benötigen werden. Der Weg zieht steil und sonnig über eine Almwiese bergan, dann geht es über einige Schrofen und Felsen, ein alter Gletscherschliff, der zum Teil recht skurrile Formen aufweist. Durch einen lichten Wald wandern wir alsdann weiter aufwärts, und wieder gibt es einige felsige Stufen zu überwinden, bis wir schließlich durch niedrige Latschenfelder den Gipfel des **Spitzsteins** (1598 m) erreichen. Die Grenze zwischen Bayern und Tirol verläuft direkt darüber, und neben einem Gipfelkreuz steht hier oben auch eine Kapelle. Das Panorama wird vom Kaisergebirge im Süden dominiert, an das sich nach rechts das Inntal vor den Zillertaler und den Stubaier Alpen anschließt. Am Horizont folgen die Berge von Rofan und Karwendel, direkt daneben stehen Brünnstein, Wildbarren, Kranzhorn und Heuberg. Unmittelbar im Norden sehen wir die Hochries aus einem gänzlich ungewohnten Blickwinkel, dann schließen sich der Klausenberg vor dem Chiemsee, Kampenwand, Hochfelln und Hochgern, die Berchtesgadener Berge und die Loferer Steinberge an.

Zurück wandern wir zunächst auf dem Anstiegsweg zum **Spitzsteinhaus** und weiter bergab bis zum **oberen Parkplatz**. Zum Finale winkt nun die kleine urige **Goglalm** (1143 m) zur Einkehr, die wir mit einem kleinen Schwenk nach links erreichen. Um den folgenden Abstieg abwechslungsreicher zu gestalten, nutzen wir nach der Goglalm-Einkehr den Wanderweg über die Wiese weiter abwärts und sehen kurz darauf schon die **Stoana-Alm** (1055 m), zu der wir hinuntersteigen. Das ist nun wirklich die letzte Möglichkeit für einen kulinarischen und gleichzeitig gemütlichen Stopp – Liegestühle und Ruhebänke laden zum Verweilen auf der Terrasse ein, dazu gibt's den Gratisblick aufs Sachranger Tal.

Der restliche Abstiegsweg ist dann nicht mehr schwer: Auf der Almzufahrstraße wandern wir weiter, passieren einen winzigen Wanderparkplatz und treffen schon bald auf unseren Anstiegsweg. In wenigen Minuten sind wir dann auf bekanntem Weg wieder am **Wanderparkplatz Erlerberg** angelangt.

Noch wichtig

Den Ausgangspunkt dieser Wanderung erreicht man nur schwer mit öffentlichen Verkehrsmitteln – wer jedoch ein Mountainbike besitzt, kann mit dem Zug nach Oberaudorf/Inntal fahren und auf dem Inntalradweg über Reisach zur österreichischen Inn-Seite radeln. Von dort geht es weiter nach Erl, wo man in der Ortsmitte rechts in die Straße zum Erlerberg einbiegt. Es folgt eine 5 km lange Bergauffahrt bis zum unteren Parkplatz. In dem Fall radelt man natürlich noch bis zum oberen Parkplatz bzw. – wer möchte – auch bis zum Spitzsteinhaus hinauf (zusätzlich 3 km, 300 Hm).

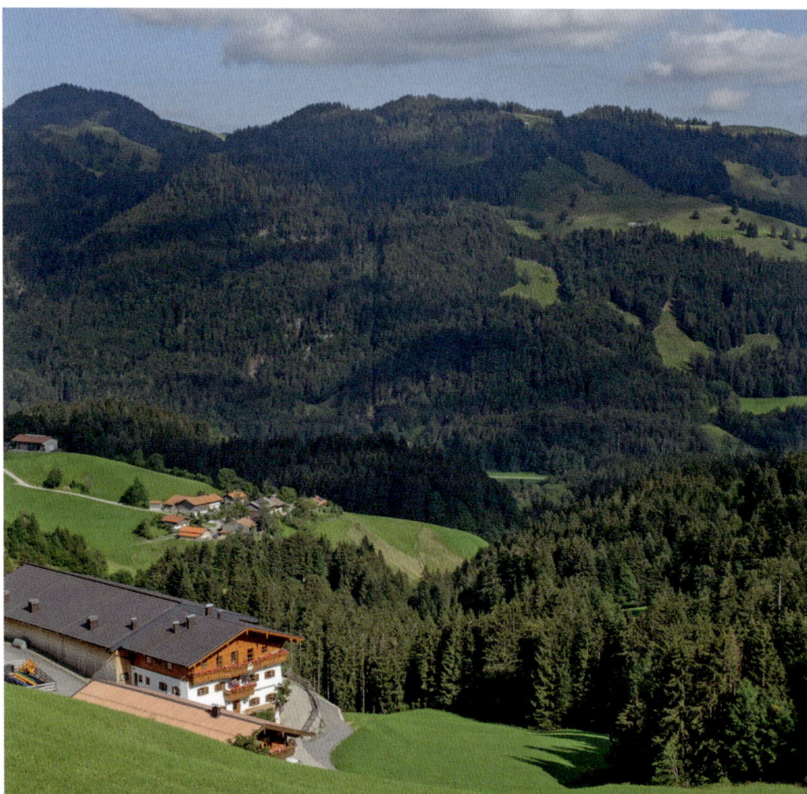

Von der Stoana-Alm blicken wir ins Sachranger Tal.

Auf einen Blick

AUSGANGS-/ENDPUNKT

Wanderparkplatz Erlerberg
GPS: 47.690104, 12.227274

ANFAHRT

ÖPNV: Nicht möglich (Alternative s. links)
Auto: A 93 bis Ausfahrt Nußdorf, weiter über Nußdorf nach Erl in Tirol, im Dorf nach der Kirche links und den Erlerberg hinauf, dabei an allen Abzweigungen der Wanderwegbeschilderung zur Stoana-Alm/Spitzstein folgen. Geparkt wird am unteren Wanderparkplatz.

GEHZEIT UND SCHWIERIGKEIT

Leichte Tour (4 Std., 8 km, 650 Hm). Bis zum oberen Parkplatz wandert man auf einem kleinen Teersträßchen, nach dem Spitzsteinhaus folgt ein steiler Bergpfad. Der Rückweg führt über zwei idyllische Almen, ideal für eine finale Einkehr.

EINKEHR

Spitzsteinhaus (spitzsteinhaus.info) und Altkaseralm (altkaseralm.at) haben fast das ganze Jahr über geöffnet. Die Goglalm hat nicht immer offen (im Winter abhängig von Wetter und Schneehöhe; Tel. +43/0664/270 67 97). Alternativ die Stoana-Alm (stoana-alm.at, Di/Mi Ruhetage), die ebenfalls sehr zu empfehlen ist

INFORMATION

erl.at

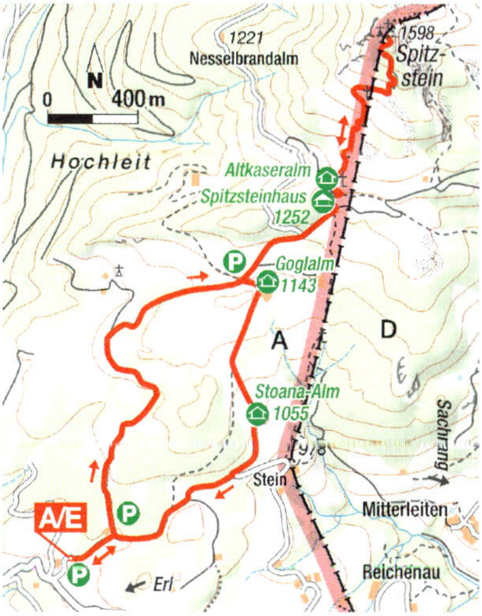

Register

Impressum

Verantwortlich: Lea Niesler
Redaktion: Anette Späth
Layout: Eva-Maria Klaffenböck
Kartografie: Bruckmann Kartografie, Heidi Schmalfuß
Repro: LUDWIG:media
Herstellung: Bettina Schippel
Printed in Poland by CGS Printing sp.O.o.

★★★★★

Sind Sie mit diesem Titel zufrieden? Dann würden wir uns über ihre Weiterempfehlung freuen. Erzählen Sie es im Freundeskreis, berichten Sie Ihrem Buchhändler, oder bewerten Sie bei Onlinekauf. Und wenn Sie Kritik, Korrekturen, Aktualisierungen haben, freuen wir uns über Ihre Nachricht an Süddeutsche Zeitung Edition, c/o Bruckmann Verlag GmbH, Postfach 40 02 09, D-80702 München oder per E-Mail an lektorat@verlagshaus.de

Unser komplettes Programm finden Sie unter verlagshaus24.de

In diesem Buch wird aus Gründen der besseren Lesbarkeit das generische Maskulinum verwendet. Weibliche und anderweitige Geschlechteridentitäten werden dabei ausdrücklich mitgemeint, soweit es für die Aussage erforderlich ist.

Bildnachweis
Alle Bilder im Innenteil und auf dem Umschlag stammen von den Autoren: nur S. 38 re. o., 55 re. o., 127 li. o., 133 re. o. Martin Siepmann

Umschlagvorderseite: Am Herzogstand (Tour 9)
Umschlagrückseite: Beim Eckbauern über Garmisch-Partenkirchen (Tour 7)

Die Deutsche Nationalbibliothek verzeichnet diese Publikation in der Deutschen Nationalbibliografie; detaillierte bibliografische Daten sind im Internet über http://dnb.d-nb.de abrufbar.

ISBN 978-3-7343-2867-1